WESTEND

Moshe Zuckermann

Die Kunst ist frei?

Eine Streitschrift für die Kunstautonomie

WESTEND

Mehr über unsere Autoren und Bücher:
www.westendverlag.de

Die Deutsche Nationalbibliothek verzeichnet diese Publikation in der Deutschen Nationalbibliografie; detaillierte bibliografische Daten sind im Internet über http://dnb.d-nb.de abrufbar.

MIX
Papier | Fördert gute Waldnutzung
FSC® C083411

ISBN 978-3-86489-381-0

Umschlag: Buchgut, Berlin
Satz: Publikations Atelier, Dreieich
Druck und Bindung: CPI – Clausen & Bosse, Leck
Printed in Germany

Inhalt

Vorwort

Der Begriff der Kunstautonomie hat in den letzten Jahrzehnten seine Prominenz eingebüßt. Es will zuweilen scheinen, als hätten sich große Teile der Kunstsoziologie und -philosophie, aber auch die Kunstpraxis der zweiten Hälfte des 20. Jahrhunderts verschworen, um ihn endgültig zu desavouieren. Ich selbst habe vor etwa zwanzig Jahren von der sozialen Hintergehbarkeit des Kunstwerks gesprochen (»Kunst und Publikum. Das Kunstwerk im Zeitalter seiner gesellschaftlichen Hintergehbarkeit«, 2002); schon damals ging es mir um eine beklagenswerte Diagnose des real Bestehenden, mithin um die zumindest theoretische Rettung der Kategorie der Kunstautonomie. Der vorliegende Band darf als ein neuerlicher Versuch in diesem diffizilen Unterfangen gesehen werden.

Theoretisch wissen sich meine Darlegungen dem Denken der Frankfurter Schule, allem voran dem Adornos, verschwistert. Entsprechend beginnt das Buch mit einer paradigmatischen Beleuchtung des Begriffs der *Kunstautonomie*, nicht zuletzt aber auch ihrer prästabilisierten Beziehung zum Fremdbestimmten. Folgerichtig befassen sich die dann folgenden Kapitel mit Problemen der Kunstimmanenz bzw. mit sozialen und kulturellen Elementen, die diese bedrohen. So setzt sich das zweite Kapitel mit den Kategorien *Kunst und Progress* auseinander. Gefragt wird darin, worin sich Fortschritt im Bereich der Kunst erweist, letztlich, ob es einen solchen überhaupt gibt. Dabei werden vor allem außerkünstlerische Belange ins Auge gefasst. Aber es stellt sich heraus, dass die Kunstimmanenz selbst in der Moderne einen Prozess durchlaufen hat, der prägende Auswirkungen auf die Kunstautonomie zeitigte. Dem ist das dritte Kapitel gewidmet, das sich mit *Konzeptkunst*, nicht zuletzt mit der Tendenz zur Selbstaufhebung von Kunst beschäftigt. Im vierten Kapitel wird *Kunst und das Politische* als zwei entgegengesetzte Kategorien vorgestellt, bei denen die Autonomie der Kunst die eine Seite und das Politische als das zutiefst Heteronome die andere abgeben. Zugleich aber wird auch die dichotome Gegenüberstellung beider Seiten relativiert. Fußend auf der bis dahin umrissenen Problematik der Kunstautonomie nimmt sich das fünfte Kapitel die Auseinandersetzung mit den Kategorien *»hohe« und »niedrige« Kultur* vor, wobei die Erörterung sich vor allem auf die sozial-kulturellen Entstehungszusammenhänge der normativen Wertungshierarchie konzentriert. Auch hier müssen die traditionellen Koordinaten dialektisch gefasst werden, denn die Moderne hat sie gründlich erschüttert und umdefiniert. Ein Exkurs über Adornos *Ästhetische Theorie* ist diesem Kapitel einverleibt. Im zentralen sechsten Kapitel des Bandes wird sodann *Kulturindustrie* als heteronomer Gegensatz par excellence der Kunstautonomie erörtert. Die sich dabei zunächst an Adornos Überlegungen zu dieser Kategorie orientierende Auffassung geht im zweiten Teil des Kapitels über diese hinaus und stellt eine mögliche Verbindung zu Strukturformen des Faschismus, mithin zur Wirkmächtigkeit des autoritären Charakters her. Ein Exkurs über *Elitismus* ist in dieses Kapitel integriert. Ein Fallbeispiel der in der populärkulturellen Sphäre wirkenden Mechanismen des autoritären Charakters wird im siebten Kapitel – *Tod eines Sängers* – anhand der Rezeption des Todes des israelischen Sängers Arik Einstein ideologiekritisch untersucht, dabei die sozialen und ethnischen Faktoren, die den Rezeptionsvorgang durchwirkten, anvisiert. Ein Epilog, der einen kurzen streifenden Blick auf den Begriff des Kitschs zum Inhalt hat, beschließt den Band.

Die in diesem Buch vorgelegten Erörterungen des Spannungsverhältnisses zwischen der Autonomie von Kunst und den diese Autonomie bedrohenden außerkünstlerischen Elementen erhebt nicht den Anspruch, dieses Grundproblem von *Kunst im Kontext* zu lösen. Fraglich, ob es sich überhaupt lösen lässt. Unannehmbar ist die völlige Verwerfung des Autonomiepostulats. Naiv die Vorstellung, dass das Postulat bereits den Autonomieerhalt und die Abwehr fremdbestimmter Einflüsse garantiere. Eher ist anzunehmen, dass es sich um eine Aporie handelt – ein im Wesen unlösbares Problem, das aber gerade in seinem Sosein den Kampf der Kunst um ihr Bestehen in »feindseligen« gesellschaftlichen und historischen Zusammenhängen immer wieder belebt, somit die eigentümliche Sonderstellung der Kunst in der Kultur zum Tragen bringt.

Moshe Zuckermann
April 2022

Kunstautonomie

Der Begriff der Kunstautonomie ist von gewisser Ambivalenz. Er verweist auf die Selbständigkeit der Kunst im Verhältnis zu dem, was außerhalb ihr liegt, muss aber zugleich in Kauf nehmen, das besagtes »außerhalb« stets auch ein (aktiver) Bestandteil der Kunst selber ist. Das gilt freilich für jegliche Autonomie als solche. Man kann ja nur im Verhältnis zu dem, wovon man sich unterscheidet, autonom sein; und das, wovon man sich unterscheidet, muss folglich begrifflicher Bestandteil dessen sein, was für autonom erachtet wird. Wozu denn sonst der Unterscheidungsakt und die Behauptung der Autonomie? Gleichwohl scheint dies den Anhängern des Begriffs der Kunstautonomie nicht genug zu sein. Sie insistieren auf die Rigorosität des Autonomiepostulats im spezifischen Fall der Kunst, wohingegen die Gegner des Begriffs bestrebt sind, seine Unhaltbarkeit nachzuweisen. Die im besagten dialektischen Verhältnis gründende Ambivalenz ist beiden Seiten unerträglich, weshalb sie auf ihre jeweiligen Grundannahmen bestehen, wohlwissend, dass diese – über die Problematik der Kunstautonomie hinaus – den Begriff der Kunst bestimmen.

Worum geht es hier? Im Allgemeinen – um die für die Erhaltung großer menschlicher Kollektive notwendigen Systeme, um die Strukturen, Institutionen und Apparaturen, die diese Kollektive und deren schiere Existenz garantieren. Und da Kunst ein historisches Erzeugnis menschlicher Kollektive ist, kann man sich nicht vorstellen, dass sie gegen die wesentlichen Einflüsse besagter Institutionen und Strukturen auf Entstehung, Inhalte und Ansprüche der Kunst immun sein könnte. Es geht primär um die Systeme der Religion, der Politik und der Wirtschaft, um die Gestalt der gesellschaftlichen Ordnung und deren Ausrichtung, welche entsprechend den Stand der Kunst in ihr entscheidend bestimmen. Die seit Urzeiten bestehende Einbettung der Kunst im religiösen Kult haben Forscher und Denker bereits im 19. Jahrhundert dargelegt. Man denke bloß an Nietzsches Erörterung der antiken dionysischen Kulte und die von ihm hervorgehobene Verschwisterung und gemeinsame Entwicklung der »absoluten Musik« und der »absoluten Mystik«. Nicht von ungefähr sah auch Walter Benjamin den »Kultwert« als Ausgangspunkt der über Jahrhunderte verlaufenden Entfaltung der Kunst zum »Ausstellungswert«. Im Grunde kann man sich die hervorragenden Manifestationen der christlichen europäischen Kunst in den Bereichen der Malerei, der Bildhauerei, der Musik, der Literatur und der Architektur ohne den entscheidenden institutionellen, inhaltlich normativen und ideologischen Einfluss der Religion auf sie gar nicht vorstellen. Dies hatte weitgehende politische und wirtschaftliche Auswirkungen – nicht nur, weil die christliche Kirche ab einem bestimmten Zeitpunkt im Mittelalter eine dominante politische und wirtschaftliche Macht darzustellen begann, eine Macht, die mit außerkirchlichen Mächten um den politisch-ideologischen und ökonomischen Vorrang der Herrschaft konkurrierte; auch nicht im allgemeinen Sinne, dass wirtschaftliche Macht seit jeher nicht zuletzt das Primat innehatte, die Koordinaten des gängigen Schönheitsdiskurses samt seiner künstlerischen Darstellungen zu bestimmen; sondern darüber hinaus auch im zweckgebundenen Sinne, demzufolge die wirtschaftlich-politisch Herrschenden in der Festlegung der ästhetischen Maßstäbe und der Adoption der Künste als deren kulturellen Medien ein ausgesprochenes Attribut ihrer exklusiven Distinktion von den (unkultivierten) Volkmassen sahen, das, was späterhin das kulturelle Kapital genannt werden wird, welches sozialen Status und verwertbare Macht in den Sphären Politik und Wirtschaft verleiht. Ein deutliches Echo dieser uralten Verbindung zwischen Kulturgütern und sozialökonomischer Macht findet sich noch im 19. Jahrhundert in der deutschen bürgerlichen Klassenparole »Besitz und Bildung«, mit der sich das Bürgertum sowohl vom traditionellen Adel, den es stürzen und beerben wollte, als auch von den Volksmassen, die es mit eigenen politischen und ökonomischen Bestrebungen bedrohte, zu unterscheiden trachtete. Der von der Aristokratie und dem infolge der industriellen Revolution aufsteigenden Bürgertum Britanniens zur eigenen Kennzeichnung verwendete Ausdruck »educated classes« widerspiegelt das gleiche Klassenphänomen. Letztendlich, so die tiefe Einsicht Norbert Elias', lässt sich die fortwährende Verfeinerung der höfischen Kultur seit dem ausgehenden Mittelalter als Zivilisationsprozess mit prononciertem politischen Ziel deuten. Die höfische Kultur begann die kulturelle Verfeinerung, die sich für Elias in der »Triebregulierung« manifestierte (»Sublimierung« bei Freud), als herrschaftliche Tugend zu identifizieren – Zurückhaltung im Sinne von kühler Selbstbeherrschung wurde als notwendige Voraussetzung für Weitsicht, rationale Planung operativer Schritte und zweckgerichteter Manipulation von Gegnern erkannt, zugleich aber auch als Basis der Pflege guten (kulturellen) Geschmacks, erlesener Genussfähigkeit und verfeinerten ästhetischen Distinktionsvermögens.

Dies Wenige möge ausreichen, um zu indizieren, dass Kunst schon immer notwendig in außerkünstlerischen Kontexten eingebettet war. Das ist auch nicht zu bestreiten. Worauf basiert also das Postulat der Kunstautonomie?

Warum weigert man sich zu akzeptieren, was anscheinend nicht infrage gestellt werden kann? Die Antwort darauf berührt gewisse Grundannahmen über das Wesen der Kunst. Akzeptiert man diese Grundannahmen nicht, ist es sinnlos, das Postulat der Kunstautonomie (was immer sie auch sei) überhaupt noch weiter zu erörtern.

Erstens: Im Gegensatz zur Ausrichtung der Welt auf die zunehmende Unterordnung von immer mehr Lebensbereichen unter das hermetische Diktat der instrumentellen Vernunft, mithin unter ein Zweckdenken, das von raffgieriger Profitmache und Kapitalakkumulation, von Macht und machtmotiviertem Einfluss angetrieben ist, begreift sich die *Raison d'être* der Kunst in der Verwirklichung ihres Selbstzwecks. Die Frage »Warum Kunst?« beantwortet sich mit der dezidierten Antwort »Um der Kunst willen« und nicht, um ein anderes, außerkünstlerisches Ziel zu verfolgen. »L'art pour l'art« deklarierte das französische Denken im 19. Jahrhundert, die Autonomie der Kunst definierend und ihren Geltungsbereich begrenzend (ehe es dieses Diktum selbst zur Ideologie verkommen ließ). So besehen, manifestiert sich der Zweck der Kunst – und darin eine wichtige Dimension ihres Wesens – in ihrer kategorischen Weigerung, sich fremdbestimmten Zwecken unterzuordnen, heteronomen Zielen, die ihre Autonomie zwangsläufig verraten.

Zweitens: Das Postulat der Kunstautonomie drückt sich nicht nur im ideal-utopischen Selbstverständnis der Kunst aus, sondern nicht minder auch in ihrer Praxis (zumindest in ihren großen Momenten, in denen es ihr gelingt, ihre ästhetischen Potentiale und erhabenen Versprechungen zu verwirklichen). Die spezifische Materialanordnung – die Komposition – ist ihr nicht nur als Technik, Methode oder Prozedur zu eigen, sondern vor allem als das, was ihr Wesen als schöpferischen Akt ausmacht, der einem eigenen System von Regeln, Gesetzen, Forderungen und Ansprüchen folgt, einem System, dessen Realisierung einzig der ihm eigenen inneren Logik gehorchen möchte. Das Fehlen von »Nutzen« im künstlerischen Erzeugnis verleiht dem (praktischen) schöpferischen Akt seinen Wert, mithin seine auratische Einzigartigkeit, die sich mit nichts anderem tauschen lässt. Denn es kann nicht getauscht werden, was sich im Selbstzweck und der diesen Selbstzweck generierenden Logik manifestiert.

Drittens: Die Verbindung der Definition der Kunstautonomie als Verweigerung außerkünstlerischer Einflüsse auf sie einerseits und als bedingungslose Unterwerfung unter die Diktatlogik der den Kunstakt konstituierenden Materialanordnung andererseits ist es, die der modernen Auffassung der Kunstautonomie als Hort eines utopisch-emanzipativen Horizonts zugrunde liegt. Diese emanzipative Dimension ist nicht als eine ihrer selbst bewussten Deklaration der Kunst zu verstehen, sondern sie ergibt sich aus ihrem schieren Stand als Gegenentwurf zur repressiven Lebensrealität, welche primär in den strukturellen Auswirkungen der instrumentellen Vernunft und entfremdeter Lebenspraxen (im Hinblick auf die freiheitliche Selbstbestimmung des Individuums) gründet. Dieser Stand der Kunst als Gegenentwurf erhält eine Art indirekter Bestätigung seitens ihrer Adressaten (Leser, Hörer, Zuschauer); darin vor allem lässt sich die emanzipative Dimension des Kunsterlebnisses erkennen. Denn im Kunsterlebnis des Rezipienten, mehr als in anderen gängigen Erlebnissen des Daseins, verkehrt sich das Verhältnis von Subjekt und Objekt.

Auszugehen ist dabei vom modernen Begriff des auf die Beherrschung des Objekts ausgerichteten Herrschaftssubjekts. Zum einen manifestiert sich die Herrschaft auf der kognitiv-perzeptuellen Ebene: Das Subjekt erfasst das Objekt kraft seiner Vernunft, konzeptualisiert, katalogisiert und subsumiert es einer Ordnung der Dinge, wie sie sich dem Subjekt anhand der sie arrangierenden Vernunftkategorien und seines sinnlichen sowie begrifflich-abstrakten Auffassungsvermögens darstellt. Das Geflecht der Vernunftkategorien, welches das Subjekt über die objektive Realität ausbreitet, um sie zu erfassen, verleiht ihm die Souveränität als Herrschaftssubjekt, als Herr dessen, was er seinen Bedürfnissen unterordnet. Zum anderen weist die Kategorie des Herrschaftssubjekts einen historisch-praktischen Aspekt auf: Die europäische Aufklärungsbewegung, die den vernunftbegabten Menschen ins Zentrum des Daseins gerückt hat, sah ihn nicht nur als Herrn seines Handelns und Schicksals an (wenn er sich nur als fähig erweist, sich des ihm zur Verfügung stehenden Vernunftpotentials zu bedienen, um seine Ziele zu planen und durchzuführen), sondern begriff ihn auch als Subjekt der Geschichte, mithin als Herrn der Zukunft des gesamten menschlichen Kollektivs. In dieser Kapazität erscheint das geschichtliche Herrschaftssubjekt als Herr eines jeglichen Objekts, das er sich unterzuordnen vermag – sei es die Natur, andere Menschen, gesellschaftliche und politische Gebilde oder den menschlichen Geist. Die Dialektik der Aufklärung bewundert das Vernunftvermögen des Menschen, erkennt in ihm aber auch ein immanentes repressives Element, welches sie scharf kritisiert. Den Konnex zwischen dem kognitiven Auffassungsvermögen und der physischen Herrschaft (samt der sich von diesem Konnex ableitenden repressiven Verhältnisse zwischen Subjekt und Objekt) indiziert im Deutschen die Nähe von »begreifen« und »greifen« wie im Englischen »to grasp« und »to catch«.

Im künstlerisch-ästhetischen Erlebnis ändert sich das Subjekt-Objekt-Verhältnis von Grund auf: Nicht das Subjekt beherrscht das Objekt, sondern das Objekt bemächtigt sich des Subjekts, und zwar als ein bewusster Willensakt des Subjekts – das menschliche Subjekt gibt sich dem Kunstobjekt hin und ist bereit, sich seiner Wirkungsmacht, gleichsam der »Autorität« seiner ästhetischen und geistigen

Forderungen unterzuordnen. Was bei Immanuel Kant »interesseloses Wohlgefallen« genannt wird, fasst dies pointiert zusammen: Das Subjekt ist gefordert, sich jeglichen fremdbestimmten »Interesses« zu entledigen, das dem Akt der Hingabe ans Kunstwerk und dem Sichversenken in ihm als notwendige Bedingung für die Aufnahme von Inhalt und Schönheit des Werks hinderlich zu sein vermag. Die Selbstvergessenheit des Subjekts, welches seine perzeptuellen und intellektuellen Energien ganz auf den Kontakt mit dem Werk und der es konstituierenden inneren Logik richtet, bedeutet eine wesentliche Schwächung des das Herrschaftssubjekt antreibenden Repressiven. Und da der Akt der Hingabe sich freiwillig zuträgt, birgt er in sich auch etwas von jenem utopischen Gegenentwurf eines Erlebens, das auf dem intensiven Hinhorchen auf das Objekt und dem Bestreben einer immanenten Berührung mit ihm basiert und nicht mehr auf dem repressiven Impuls, es zu beherrschen. In Sprachgebilden wie »das Lied bewegt mich«, »der Tanz begeistert mich«, »die Musik erregt mich« oder »der Film stimmt mich traurig« hat sich diese eigentümliche Verkehrung des Subjekt-Objekt-Verhältnisses erhalten; in jedem dieser Sprachgebilde bewirkt das Kunstobjekt etwas im rezipierenden Subjekt – das Subjekt ist bar jeglicher Ambition, das Kunstobjekt zu beherrschen, im Gegenteil, es möchte einzig, dass das Objekt sich ihm gegenüber aktiviere, sich seiner bemächtige. Der Rezipient will nichts an dem von ihm betrachteten Rembrandt-Gemälde oder an der Beethoven-Sinfonie, die er hört, ändern. Wohl wahr, die Adressaten des Kunstwerks sind gefordert, das, was sie in der Hingabe ans Werk aufnehmen, zu dekodieren und zu deuten, aber der Deutungsakt vollzieht sich gemäß der inneren kompositorischen Logik des Werks und nicht heteronom. Die Autonomie des Werks erhält sich entsprechend auch dann, wenn es von den Rezipienten dekodiert und angeeignet wird.

Es erhebt sich also erneut die Frage: Wenn die Einbettung des Kunstwerks in außerkünstlerischen – sozialen, politischen und ökonomischen – Zusammenhängen nicht bezweifelt werden kann, die Kunst aber ihrerseits unentwegt auf das Postulat ihrer Autonomie insistiert, wie lassen sich diese widerstrebenden Momente miteinander vereinbaren? Kann man überhaupt von Kunstautonomie sprechen, wenn man bedenkt, dass die fremdbestimmte Wirkung besagter Zusammenhänge der Grundbedingung von Kunst immanent, mithin wesentlich unabdingbar ist? Kann man andererseits tatsächlich behaupten wollen, dass Kunst letztlich nichts sei als nur ein von vielen Anhängseln der großen politischen, wirtschaftlichen und gesellschaftlichen Systeme, welches sich letztlich ganz der diese Systeme antreibenden heteronomen Logik unterordne? Eine ernst zu nehmende Antwort auf diese Fragen weiß sich einem gewissen dialektischen »Kompromiss« verpflichtet, demzufolge von einer absoluten Autonomie der Kunst im Hinblick auf die heteronomen Kontexte ihrer Entstehung und Seins, ihrer Wirkung und Rezeption keine Rede sein kann; was aber nicht besagt, dass die Kunst trotz aller sie fremdbestimmt bedrohenden Kraftfelder nicht auch zugleich ein ausgeprägtes Moment der Autonomie bewahrt. Adorno, der den warenförmigen Tausch im Spätkapitalismus als krasseste Manifestation der zwischen den Menschen herrschenden Entfremdung (und der Heteronomie ihres gesellschaftlichen Daseins) ansah, hat dies in aphoristischer Dichte formuliert, als er davon sprach, dass das Kunstwerk zwar immer schon Ware, aber nie nur Ware gewesen sei.

In ihren außerkünstlerischen Zusammenhängen zeichnet sich Kunst in der Tat durch einen Doppelcharakter aus. Zum einen fungiert Kunst, die in der Gesellschaft entsteht und sich auf diese bezieht, in jeder Hinsicht als soziale Institution – sie befindet sich nicht außerhalb der Gesellschaft, auch nicht außerhalb der Geschichte. Insofern sie nun aber diese Grundtatsache »verleugnet«, was durchaus ihrem künstlichen Wesen entspricht (»künstlich« leitet sich im Deutschen ja von »Kunst« ab, wie »artificial« von »art« im Englischen), wenn sie also als Schein erscheint, als täuschende Illusion, »betrügt« Kunst in Bezug auf das gesellschaftlich real Existierende, was ihr im Hinblick auf das Dasein des Menschen zwangsläufig eine ideologische Dimension verleiht. Andererseits erweist sich die Einzigartigkeit von Kunst, mithin ihre besondere Macht gerade in jener Dimension, die sie unter einem anderen Aspekt ideologisch werden lässt: Ihr Künstliches ermöglicht es ihr, kraft der Wirkmacht der Phantasie und der Vorstellungskraft die Grenzen des konkret Bestehenden zu überschreiten, soziale Konventionen zu unterwandern, gängige perzeptuelle Normen bewusst zu irritieren und so einen (scheinbar akzeptierten) Gegenentwurf zum Bestehenden, eine utopische Antithese zu repressiven Strukturen der Realität zu schaffen, eine Sphäre der Freiheit, deren Durchbrechung des konkret Gegebenen und allgemein Akzeptierten ihr Autonomes ausmacht. Der Begriff »Schein« indiziert diese widersprüchliche Doppelbedeutung: Der Ausdruck »schöner Schein« enthält ein pejoratives Element des Trügerischen und ideologisch Irreführenden. »Vorschein« – ein Begriff, dessen sich Ernst Bloch in der Fundierung der Stellung von Kunst innerhalb seiner Emanzipationsphilosophie bediente – verweist hingegen auf das in der Kunst sich manifestierende utopische Moment einer gleichsam kurz aufscheinenden Zukunftsbotschaft, die in sich das Potential eines gesellschaftlich befreiten Daseins des Menschen und die ihn zu dessen Erkämpfung antreibende Hoffnung birgt.

So besehen, besteht beispielsweise kein Widerspruch zwischen der Stellung Goyas als Hofmaler, der sich verpflichtet sah, die repräsentativen Portraits der königlichen Familie und des spanischen Hofadels zu malen, und der ästhetischen Autonomie, die er sich zum Ziel gesetzt und im Werk verwirklicht hat. Ein kurzer Blick auf das Kollektivportrait der »Familie Karls IV.« von 1801 reicht hin, um zu verstehen, was ein zeitgenössischer Kritiker damit meinte, der König und seine Frau sähen aus »wie ein Bäcker und seine Gemahlin nach einem Lotteriegewinn«; umso erstaunlicher, dass die Auftraggeber selbst offenbar mit dem Resultat des Repräsentationsaktes zufrieden waren. Man mag daraus folgern, dass eine immanente Reaktion auf das autonome Kunstwerk und eine heteronome Bezugnahme auf ebendiese Dimension sich nicht zwangsläufig gegenseitig ausschließen. So lässt sich etwa die Entwicklung der klassischen Sinfonie von Haydn über Mozart bis Beethoven verfolgen und entdecken, dass eine allmähliche Metamorphose in der Form des dritten Satzes dieses musikalischen Genres stattgefunden hat: von der Menuett-Form in einem beträchtlichen Teil der Sinfonien Haydns zur Scherzo-Form in Beethovens Sinfonien. Eine angemessene immanente Analyse dieser Entwicklung würde eine Erörterung der Funktion, die das Menuett bzw. das Scherzo in der Gesamtform des Werks erfüllt, erfordern, wobei die formalen Veränderungen der Gesamtform zu eruieren wären, mithin die des sinfonischen Genres insgesamt. Eine kontextuell-heteronome Erklärung der Entwicklung der sinfonischen Form könnte sich hingegen auf die historische Dimension der Metamorphose einlassen und feststellen, dass sie in einer Zeit gravierender politischer und sozialer Umbrüche stattgefunden habe – im Zeitalter der Französischen Revolution. In seiner Stellung als Hofkomponist beim Fürsten Esterházy steckte Haydn noch mit einem Bein im feudal-aristokratischen Zeitalter; Beethoven hingegen, erklärter Anhänger der Französischen Revolution und ihrer Aufklärungsideale, war bereits den Prinzipien der heranwachsenden bürgerlichen Gesellschaft verhaftet. Und weil das Menuett seinen historischen Ursprung in der

Sphäre von Hof und Adel hatte, die ihm seinen kulturellen Stand als ausgesprochen aristokratischen Tanz verlieh, verwundert es nicht, dass Beethoven ihn aus dem Bereich der Sinfonie »vertrieb« – parallel zum Niedergang des *Ancien Régime*s und der revolutionären Vertreibung des Adels von der Geschichtsbühne. Eine musikologische Erklärung dieser Art basiert auf der Annahme, dass außerkünstlerische Faktoren einen entscheidenden Einfluss auf formale Veränderungen im Rahmen der Entwicklung von Kunstgenres ausgeübt haben. Vermag dies das Postulat der Kunstautonomie wesentlich zu erschüttern? Ja und nein. Ja – weil die (halb)-bewusste Erwägung, die Veränderung herbeizuführen, in der Tat von einer dem Kunstwerk äußerlichen Entwicklung herrührt, und zwar umso mehr, als die Gewalt, die jene geschichtliche Entwicklung generierte, der Veränderung im künstlerischen Bereich eine Dimension von Notwendigkeit verlieh. Nein – weil die Materialanordnung (des Scherzos) letztlich nicht aktiv beeinflusst ist von der Absage an die alternative Form (des Menuetts). In jedem Fall bereichert zwar das Wissen um die historische Metamorphose, die der dritte Satz der klassischen Sinfonie durchlaufen hat, das Verständnis der Formentwicklung der Sinfonie bei Beethoven und seinen Nachfolgern, aber auf keinen Fall bildet es eine notwendige Bedingung für die Rezeption des Werks und die Verinnerlichung seiner ästhetischen Werte.

Wenn bis jetzt die heteronomen Elemente der Kunst als Resultat des aufgezwungenen Eindringens kunstfremder (ökonomischer, politischer oder religiöser) Faktoren verstanden wurden, so sah sie sich seit Beginn des 20. Jahrhunderts einer nicht minderen Bedrohung ausgesetzt, die sie allerdings selbst über sich gebracht hat; die Kunst selbst (genauer gesagt, gewisse Strömungen ihres sich zunehmend herausbildenden Diskursfeldes) begann die Aufhebung dessen zu fordern, was bis dahin als Vorbedingung der Etablierung ihrer Autonomie galt: die Unterscheidung zwischen ihr und dem realen Leben, also die bis zur Unkenntlichkeit gesteigerte Verwischung des »Als ob«, welches das Wesen der Autonomie ausmachte und gerade als solches die Hingabe an sie als imaginierter Gegenentwurf zum gesellschaftlich real Bestehenden ermöglichte. Das will wohlverstanden sein: Die Kunst sah sich weiterhin, sogar bewusster als zuvor, als Antithese zur bestehenden repressiven Daseinsrealtät. Als paradigmatisch hierfür darf die pathoserfüllte Deklaration Hugo Balls, Mitbegründer der dadaistischen Bewegung, im Jahre 1916 gelten, der zufolge die Bewegung »statt der Prinzipien Symmetrien und Rhythmen einführen« will und »die Weltordnungen und Staatsaktionen widerlegen, indem man sie in einen Satzteil oder Pinselstrich verwandelt«. Mit Bezug auf die Zielsetzung des »Cabaret Voltaire«, Ort des ersten »Dada«-Abends, postulierte er: »Jedes Wort, das hier gesprochen und gesungen wird, besagt wenigstens das eine, dass es dieser erniedrigenden Zeit nicht gelungen ist, uns Respekt abzunötigen. Was wäre auch respektabel und imponierend an ihr? Ihre Kanonen? Unsere Trommel übertönt sie. Ihr Idealismus? Er ist längst zum Gelächter geworden, in seiner populären und seiner akademischen Ausgabe. Die grandiosen Schlachtfeste und kannibalischen Heldentaten? Unsere freiwillige Torheit, unsere Begeisterung für die Illusion wird sie zuschanden machen.« Balls Worte repräsentieren die erklärte oppositionelle Ebene, auf der die Kunst jener Epoche sich bewegte – eine die Kunstgeschichte des 20. Jahrhunderts in höchstem Maß prägende Epoche, in der künstlerische Konventionen durchbrochen wurden und eine Avantgarde hervortrat, die sich als Speerspitze der Erschütterung alles Bestehenden sah. Aber im Gegensatz zu früheren Zeitaltern, in denen Kunst ihre subversive Funktion nicht (bzw. weniger) bewusst erfüllte und ihre herausragenden Werke ohne gereifte diskursive Selbstreflexion hervorbrachte, begann die Avantgardekunst der neuen Ära die Grenzüberschreitung zwischen ihr und der bestehenden Lebensrealität, mithin das konkrete Eindringen in die Realität dezidiert zu fordern, ohne dabei auf das sie antreibende Oppositionspostulat zu verzichten. Das 20. Jahrhundert überstieg bei weitem die ersten Anzeichen einer solchen Tendenz, die soziale Realität in die Kunst einzuschleusen, wie sie sich etwa im 17. Jahrhundert in den Gemälden von Ribera und Murillo in Spanien oder in denen von Adriaen Brouwer, Jan Steen, Pieter de Hooch und Rembrandt in Holland bzw. in zahllosen literarischen, dramatischen und bühnenmusikalischen Werken in Europa des 19. Jahrhunderts gezeigt hatte. Die Kunst des 20. Jahrhunderts begnügte sich nämlich nicht mehr mit der bewussten Adaptation realistischer Erscheinungen und Gegenständen, deren Bearbeitung sich die Kunst über Generationen verbeten hatte, auch nicht mit der weiteren Gestaltung dieser Gegenstände mit konventionellen Ausdrucksmitteln und gemäß der Forderungen der »hohen Kunst«, als sie sich dann doch dieser Themen annahm, sondern sie erschütterte zugleich von Grund auf Standards und Normen der gängigen Verwendung dieser Ausdrucksmittel, verlieh den in der klassischen Kunst verpönten Ausdrucksmitteln eine übergreifende Legitimität und ermöglichte zudem das Eindringen von Materialien und Dingen, Praktiken und Methoden, die den traditionellen Begriff von Kunst revolutionär veränderten bzw. ihm eine provokante Alternative entgegenstellte.

Niemand förderte diese neue Tendenz mit größerer Verve und durchgängigerer Konsequenz als Marcel Duchamp. Nicht von ungefähr wurde bei einer Umfrage unter 500 Künstlern, Kuratoren und Galeriebesitzern sein Werk »Fountain«, das von ihm 1917 ausgestellte umgekehrte Pissoir, als das einflussreichste Kunstwerk der Moderne gewählt. Denn über die Provokation der Verwendung eines

Objekts, das der Sphäre »niederer«, öffentlich tabuisierter Aktivitäten angehört, hinaus erschütterte »Fountain« zwei Grundkoordinaten der klassischen Kunstauffassung fundamental: die kompositorische Materialanordnung des Kunstwerks und die Bestimmung des Kunstwerks als solches nicht anhand seiner immanenten Logik. Man kann die Vehemenz der Irritation, die dieser Provokationsakt Duchamps auslöste, kaum übertreiben. Denn was den Künstler in der klassisch-romantischen Tradition im eigenen Selbstverständnis und in den Augen seiner Rezipienten zu einem solchen werden ließ, war (neben seiner technischen Fertigkeit) die materielle und geistige Materialanordnung nach einem von ihm selbst erdachten kompositorischen Entwurf. Das Ziel war, ein organisches Werk mit einem eigenen inhaltlichen und formalen *Raison d'être zu schaffen*, dessen Verwirklichung einem Schöpfungsakt entstammt, einer vom schöpferischen Impuls des Künstlers und einzig von diesem herrührenden Notwendigkeit. Es ging um die Verbindung zwischen der kreativen Vision des Künstlers und der ihm eigenen Begabung, sie zu verwirklichen; zudem um den kompositorischen Entwurf, der sich in einem formal wie inhaltlich stimmigen künstlerischen Gebilde manifestiert. Diese waren das Vermögen und die Tugenden, die dem Künstler das Ansehen eines Schöpfers von Vorbildlichem verliehen. Er wurde somit zum Erzeuger von Werken, deren »Ausstellungswert« – was sie betrachtungswürdig, lesens- und hörenswert macht und die innige Erfahrung von Unaustauschbarem vermittelt – sich primär an einer bestimmten Materialanordnung manifestiert; in jener Stimmigkeit zwischen allen Bestandteilen des Kunstwerks, die es ästhetisch zu einem autonomen Ganzen werden lassen. Und da erscheint Duchamp, bewaffnet mit der Subversion des dadaistischen Anarchismus, und »beraubt« die Kunst dessen, was dem Werk die Aura und dem Künstler seinen Stand als Schöpfer des Werks verleiht:

Zum einen verkörpert »Fountain« den bewussten Verzicht auf eine künstlerische Materialanordnung im traditionellen Sinne und die demonstrative Verwendung eines bereits existierenden, industriell hergestellten Gegenstands, des Readymades, als Grundlage der Neudefinition des Kunstobjekts – ein Kunstakt, der nicht mehr von der Begabung des Künstlers abhängt, das Material anzuordnen und seine technische Fertigkeit zu demonstrieren. Zum anderen (komplementär zum ersten Aspekt) bestimmt sich der Status des Kunstwerks nicht mehr auf der Grundlage einer Komposition seiner inhaltlichen und formalen Bestandteile, sondern auf der des Kontexts seiner Erscheinung in einem der Ausstellung von Kunst gewidmeten Ort (Galerie, Museum) und der Tatsache, dass es der Künstler war, der diesen Ausstellungskontext bestimmt hat. D.h., der Künstler ist nicht mehr gefordert, einen künstlerischen Artefakt herzustellen, sondern lediglich den Artefakt mit Bedeutung auszustatten; der Status des Kunstobjekts bemisst sich nicht mehr an irgendwelchen immanenten Kriterien, sondern an seiner baren Existenz im Kontext, mithin an seiner Erscheinung in einem ihm fremden Zusammenhang. Dabei stellt sich heraus, dass dem Künstler zwar die Qualifikation der Begabung und seine Einzigartigkeit als Schöpfer genommen, zugleich aber eine Autorität verliehen wird, die nicht mehr von seiner künstlerischen Leistung abhängt, sondern einzig von seiner öffentlich anerkannten Zugehörigkeit zum Künstler- und Kunstfeld: Das Objekt verwandelt sich in ein Kunstwerk, weil der als solcher anerkannte Künstler bestimmt hat, dass es ein solches sei.

In seinem Gemälde »L'Eternité« von 1935 stellt René Magritte eine Museumsszene dar: Hinter einer roten, an Leitpfosten befestigten Kordel – Markierung der physischen Grenze zwischen dem Museumsbesucher und den Kunstexponaten – stehen drei nummerierte Pedestale; auf dem rechten und linken sind die Bronzeplastiken der Häupter von Dante und Jesus aufgestellt, wohingegen auf dem mittleren ein großer Butterblock ragt, in welchem ein breiter Holzlöffel steckt. Das Gemälde soll die »heilige« Aura des musealen Ausstellungsraums mittels der Subversion der kulturellen Hierarchie zwischen den ikonischen Figuren Dantes und Jesu und dem elementaren Konsumprodukt, dessen beigefügtes Attribut seinen Gebrauchswert indiziert, unterwandern. Was Duchamps mit »Fountain« zwanzig Jahre zuvor performativ demonstrierte, wiederholte Magritte durch die zweidimensionale Repräsentation des Prinzips, das der dreidimensionalen Provokation Duchamps zugrunde liegt. Beide Objekte sind ihres praktischen Zwecks beraubt worden: Man soll das Pissoir Duchamps nicht als solches benutzen (wenn es denn noch existierte), wie denn der Butterblock Magrittes nicht für den kulinarischen Konsum gedacht ist. Das Pissoir und der Butterblock errangen einen »Ausstellungswert« in einer Sphäre symbolischer Inhalte, die sich erklärtermaßen von der profanen Zwecksphäre unterscheidet, der sie ursprünglich entnommen wurden. Joseph Beuys' »Fettecke« von 1982 basierte auch auf der Verwendung von Butter. Die Motive des deutschen Künstlers ähnelten den konzeptuellen Motiven seiner Vorgänger – die Erschütterung des klassischen Kunstbegriffs: Beuys installierte sein Objekt in fünf Meter Höhe, indem er den Butterklumpen an die Decke seines Studios in der Düsseldorfer Kunstakademie heftete. Als im Jahre 1986 (neun Monate nach Beuys' Tod) der Hausmeister der Akademie die Fettecke entfernte, brach eine vehemente Debatte aus. Ein Student von Beuys erhob Eigentumsanspruch auf die Überreste des zerstörten Werks, und die Debatte steigerte sich noch, als ein Gerichtsurteil beschloss, dass das Land Nordrhein-Westfalen den Studenten mit der stattlichen Summe von 40 000 DM zu entschädigen habe.

Die Konzeptkunst und ihre komplexe Beziehung zur realen Verwirklichung der von ihr ausgedachten abstrakten Entwürfe sollen in einem gesonderten Kapitel erörtert werden. Man darf indes schon im hier dargestellten Zusammenhang der Autonomie des Kunstwerks und des vom Kunstwerk als autonomes zu Vermittelnden fragen, ob die subversiven Akte Duchamps, Magrittes und Beuys' in der Tat das von Grund auf zu erschüttern vermögen, was sie zu erschüttern trachten. Die triviale historisch-empirische Antwortet darauf lautet: nein. Die Werke von Duchamp, Magritte und Beuys fanden und finden noch immer ihren Platz in renommierten Museen weltweit (und zwar nicht nur in denen, die »moderner Kunst« gewidmet sind); sie werden für sehr hohe Summen in Auktionen versteigert und sie bevölkern zahllose Bücher, Kataloge, Enzyklopädien und virtuelle Seiten als auratisch-ruhmreiche Ikonen des grandiosen Empörungsaktes der Avantgarde (wie gesagt, Duchamps »Fountain« wurde zum einflussreichsten Kunstwerk der Moderne erkoren). Diese Antwort ist aber nicht zufriedenstellend, sie ist letztlich polemisch. Denn man kann gegen sie anführen, dass sie gerade auf den heteronomen Elementen der Kunstrezeption basiere, auf der Fetischisierung des Werks und seines Schöpfers, auf ökonomischen Erfolgskriterien, auf der Kanonisierung von Werk und Künstler als Maßstab der Beurteilung des Kunstakts. Zudem muss mitbedacht werden, dass das, wogegen Duchamp, Magritte und Beuys sich in ihren Werken richteten, diese Werke letztlich verschlungen und die kritischen Impulse, die zu einem bestimmten historischen Zeitpunkt deren Entstehung angetrieben hatten, sterilisiert hat. Gleichwohl darf dies an sich noch nicht für eine Widerlegung der Inhalte ihrer Ausrichtung und des subversiven Pathos, in dem ihr künstlerisch-kritisches Handeln gründete, erachtet werden.

Die Antwort muss vielmehr von der Immanenz des Werks und den perzeptuellen Forderungen, die es an den Rezipienten im Moment seiner Begegnung mit ihm stellt, abgeleitet werden. Auf dieser Ebene lässt sich mit Entschiedenheit behaupten, dass, obwohl das Kunstwerk nie vollkommen autonom sein kann, der autonome Status des realen Kunstobjekts nicht wirklich erschüttert wird, wenn er der Konzeption der Erschütterung seiner Autonomie ausgesetzt ist. Denn entweder verweist die Realität des Objekts nicht eindeutig auf seinen Status als Artefakt; dann ergibt sich auch keine Notwendigkeit, es als solchen zu betrachten. Der Status eines nicht mehr benutzten Pissoirs, das in den Abfall- und Schutthaufen der Fabrik, in der es hergestellt worden ist, entsorgt wird, ist dem Status des zum »Fountain« mutierten Pissoirs von Duchamp nicht vergleichbar. Und wenn ein heutiger Künstler das entsorgte Pissoir nehmen und als ein Kunstobjekt, welches man als solches erkennt, aufstellen sollte, wird es aufhören, ein Gebrauchtes-Pissoir-das-man-entsorgt-hat zu sein, und wird stattdessen dem Betrachter als etwas erscheinen, das seine Sinne, seine ästhetische Auffassung und Ausrichtung herausfordert; er wird den zuvor entsorgten Gebrauchsgegenstand als Artefakt dekodieren müssen. Oder aber das Objekt erscheint von vornherein als das, was seine Rezeption als Kunstexponat erfordert. In diesem Fall unterliegt es dem Prinzip des »Als ob« und unterscheidet sich in dieser Hinsicht nicht von einem Gemälde Rembrandts oder einem Lied von Schubert: Das Verhältnis zu ihm entwindet es der perzeptuellen Ebene der alltäglichen Zwecksphäre und verleiht ihm das Attribut der imaginierten Realität, notwendige Bedingung für das Bestehen jedes Kunstwerks – die materielle Realität des Objekts erlangt hier ihre ästhetische Dimension, sei es als Ergebnis einer kompositorischen Anordnung des Materials, woraus das Kunstobjekt gemacht ist, sei es als Resultat der bewussten Konzentration darauf, was das Objekt *auch* ist, zusätzlich, parallel oder über das hinaus, was es als Gebrauchsgegenstand darstellt, dessen Wahrnehmung zwangsläufig anderen Gesetzen unterliegt. Die Aura des zum Artefakt avancierten Readymades wird demnach nicht eliminiert, wie man zu denken pflegt, sondern erhält lediglich eine neue Form: Kein »sonderbares Gespinst aus *Raum und Zeit*« (Benjamin), welches das kontemplative Versenken ins Werk und die Logik der ihm eigenen Materialanordnung hervorruft; stattdessen die Verschmelzung von Raum und Zeit, die sich aus der Einmaligkeit der Begegnung mit dem Objekt ergibt, dessen »natürlicher« Status einer Metamorphose unterzogen wurde (auch dies eine Art Materialanordnung), die das Dekodierungsvermögen herausfordert und den Betrachter in eine hermeneutische Spannung versetzt.

Wie steht es da mit den Werken von Elaine Sturtevant, einer Künstlerin, die in den frühen 1970er Jahren begann, die Werke von Künstlern der klassischen Moderne wie Robert Rauschenberg, Andy Warhol, Jasper Johns, Frank Stella und anderen unter virtuoser Verwendung der Technik jener Künstler zu kopieren? Nicht nur erklärte dabei Sturtevant den Kopierakt als ein für sich stehendes Kunstziel, sondern einige der Künstler, deren Werke sie kopierte, sollen ihr mit technischem Rat zur Seite gestanden haben, um das Kopierunterfangen zu verbessern. *Sturtevant* selbst deklarierte, sie wolle sich dem Originalitätsdruck, dem jeder Künstler ausgesetzt sei, entwinden – eine Aussage, die noch als bescheiden gewertet werden mag gemessen an den Postulaten der jetzigen Vertreter der »Appropriation Art«, die, der Konzeptkunst zugehörig und auf Einsichten des postmodernen Denkens basierend, sich daranmachen, die Annahme aller konventionellen Kategorien wie Authentizität des Schöpfers/Autors, Originalität, Kreativität, geistiges Eigentum, Signatur auf dem Werk etc. von Grund auf zu erschüttern. Nun, was immer die Intentionen der diversen »Aneigner« sein mögen, können die Objekte, die sie produzieren, nicht dem Schicksal künstlerischer Artefakte »entgehen«, solange diese als Kunstexponate im künstlerischen

Kontext erscheinen; ihnen ergeht es wie dem Readymade Duchamps, das ja als ein über seinen ursprünglichen Gebrauchswert hinausgehendes Objekt rezipiert werden soll: Ob als Gegenstand des Zorns über den Provokationsakt als dessen demonstrative Geringschätzung oder als Auffassung der Provokation als Möglichkeit, etwas zu lernen und das Bewusstsein zu erweitern, in jedem Fall verschwindet die Aura des als Artefakt erscheinenden Objekts nicht, sondern wird als Resultat der Spannung zwischen dem Widerwillen gegenüber dem heteronomen Element in der Wahrnehmung des Objekts und seiner objektiven Erscheinung als solches im Gegenteil noch gesteigert. Dies betrifft nicht nur Exponate der bildenden Kunst, sondern belangt auch z. B. das »tragische« Versagen der Verfremdungstechnik Brechts, die seinerzeit der Wut des Dramatikers entsprang angesichts der »Insistenz« seines Publikums, sich ins Werk zu versenken, sich den emotionalen Elementen in seinen Stücken hinzugeben, sich am Sinnlich-Ästhetischen zu ergötzen und – im Gegensatz zu den intendierten Prinzipien des Brechtschen Theaters – ausgesprochen kathartisch zu reagieren. Sobald er als Kunstakt erscheint, unterwirft sich der Akt der Erschütterung der Kunstautonomie zwangsläufig den Maximen ebendieser Kunstautonomie, die sich im Als-ob des künstlerischen Artefakts und der einzig ihm vorbehaltenen Aura manifestieren. Die realen Bedrohungen der Kunstautonomie sind heteronomer Natur und als solche ungleich effektiver als der künstlerische Kampf gegen die Kunst. Der Tod der Kunst kann sich nicht künstlerisch vollziehen. Künstlerische »Ermordung« der Kunst garantiert ihren Fortbestand, daher auch die Perpetuierung der Kunstautonomie.

Kunst und Progress

Bekanntlich hat Theodor Adorno in seinem Buch »Philosophie der neuen Musik« zwei ausgesprochene Ikonen der modernen Musikklassik, Strawinsky und Schönberg, einem Vergleich unterzogen. Im Nachhinein darf behauptet werden, er habe es sich leicht gemacht, als er sich entschied, den Neoklassizismus des ersten als »reaktionär« gegenüber der dodekaphonischen Atonalität des andern zu ächten. Dies muss betont werden, nicht nur weil Strawinskys hoher Status in der Geschichte der Musikmoderne heute nicht mehr hinterfragbar ist, sondern auch, weil man den Begriff des Reaktionären, dem Adorno seinerzeit noch anhing, nicht mehr einfach hinnehmen mag. Es ist ja gerade zu begrüßen, dass sich die Option der Tonalität das gesamte 20. Jahrhundert hindurch erhalten hat, wie denn auch gutgeheißen werden darf, dass Picasso, der künstlerische Demolierer des menschlichen Körpers, das Figurative nie aufgegeben hat, deshalb aber auch nicht schon »reaktionär« wurde im Vergleich zu den radikalen Abstraktionen eines Kandinsky oder Malewitsch. Rigoros formuliert: Man kann den Grad der Fortschrittlichkeit von sozialen Gebilden bestimmen, aber beim besten Willen (noch) nicht die der gesellschaftlichen Rangordnung von Progress angepasste Fortschrittshierarchie der künstlerischen Formen. Es ist ganz und gar nicht ausgemacht, ob eine solche zu konstruieren sei. Und dennoch: Wie erklärt es sich, dass wir den Dramen Shakespeares, den Sinfonien Beethovens und den Gemälden Rembrandts geistige Erhöhung und ästhetischen Genuss abzugewinnen vermögen, aber kaum akzeptieren würden, wenn uns ein Drama *à la* Shakespeare, eine Sinfonie *à la* Beethoven oder ein Gemälde *à la* Rembrandt als Erzeugnisse heutiger Künstler präsentiert würden. Ein solches Werk würde uns schlicht als epigonal gelten, wenn nicht gar als anachronistisch. Das Wesen des Anachronismus birgt in sich gleichwohl die gesamte Problematik der Frage nach dem Fortschritt in der Kunst.

Um dies zu klären (und eine gewisse Auffassung von Progress in der Kunst eventuell dennoch zu »verteidigen«), muss hier von der ausschließlichen Rede über Kunst abgewichen und auf die kurze Erörterung einer der zentralen Fragen der modernen Geschichtsphilosophie, besonders aber der westlichen Aufklärung eingegangen werden. Über die vielfältige europäische Aufklärung lässt sich zwar nicht pauschal reden, denn es lassen sich wichtige Unterschiede zwischen den ihr in Britannien, Frankreich und Deutschland entsprungenen Denkgebäuden aufweisen. Und doch, wenn man sie idealtypisch (im Sinne Max Webers) auffasst und dem gemeinsamen Wesen all der in ihr unterschiedenen Strömungen nachspürt, lässt sie sich als eine revolutionäre kulturelle Denkbewegung charakterisieren, die den Menschen als ein vernunftbegabtes historisch-soziales Wesen in den Mittelpunkt menschlichen Seins stellt. Das Revolutionäre dieser Bewegung sticht hervor vor dem Hintergrund der politisch-sozialen feudal-absolutistischen Welt, gegen die sie sich erhob, eine Welt, in welcher der alle Lebensbereiche dominierende Einfluss der Religion und die von den traditionellen Herrschaftsinstitutionen ausgeübte Unterdrückung den Einzelnen als ohnmächtiges Objekt höherer Gewalten und ergebenen Untertan unhinterfragbarer Willkürherrschaft formte und prägten. Der emphatische Glaube an die Vernunft des Menschen und dessen dezidierte Ermunterung, sich ihrer als Fundament seiner politischen Souveränität und gesellschaftlichen Befreiung zu bedienen, waren es, welche die Aufklärung zur erheblichen Bedrohung der traditionellen Apparate von Macht und Herrschaft haben werden lassen. Kants Definition der Aufklärung als »Ausgang des Menschen aus seiner selbstverschuldeten Unmündigkeit« und seine an den Menschen qua Bürger gerichtete Aufforderung, den ihm von Geburt gegebenen Verstand »ohne Leitung eines anderen« zu gebrauchen, enthielt jene Art politischer Sprengkraft, die (neben anderen gewichtigen Faktoren) die Ideen der kollektiven Empörung gegen das *Ancien Régime* auflud, wie sie sich am Ende des 18. Jahrhunderts in der großen Französischen Revolution manifestierte. Die Aufklärung begriff also die Vernunft als natürliches Fundament für die Verwandlung des Menschen in ein souveränes Subjekt, Herr seines Schicksals und seiner realen Lebensumstände, zugleich aber auch als Grundlage der Verwandlung der politischen wie der sozialen Ordnung in aufgeklärte, mithin auf vernünftigen Regeln und Gesetzen basierende Gebilde. Dieser Glaube an die Macht der Vernunft begnügte sich nicht mit dem abstrakten Recht des Menschen auf individuelle Souveränität, auch nicht mit der politischen Übersetzung dieses prinzipiellen Rechts in die universelle »Erklärung der Menschen- und Bürgerrechte« von August 1789, sondern entfaltete sich sehr bald zur Legitimationsquelle der dynamischen Geschichtsphilosophie der Aufklärung – der allgemeinen Auffassung des menschlichen Fortschritts also und der Möglichkeiten seiner Konkretisierung im historischen menschlichen Sein. Gemäß dieser Auffassung ist nicht nur die »innere Verbesserung des Menschen« ihm selbst gegeben und verfügbar, sondern die gesamte menschliche Geschichte schreitet in einer Weise voran, dass jede gegenwärtige Epoche besser, entwickelter und freier ist als die vorangegangene, wie denn jedes zukünftige Zeitalter mehr Entwicklung, mehr Freiheit und Fortschritt in sich birgt im Vergleich zum gegenwärtigen. Mehr noch: Die Geschichtsauffassung der Aufklärung postuliert nicht nur, dass man die Emanzipationsziele der gesamten Menschheit imaginieren könne, sondern dass die Ziele auch verwirklichbar seien, dass es also dem Menschen gegeben sei, die kollektive Befreiung der Menschheit zu bewirken. Das Pathos der Umschlingung von Millionen, in Schillers »Ode an die Freude« ekstatisch verbalisiert und im Schlusssatz der Neunten Beethovens berückend in Musik gesetzt, ist ein beredtes künstlerisches Zeugnis der überschwänglichen Hoffnung und euphorischen Freiheitssehnsucht, von denen die Aufklärer, ihre Dichter und Künstler durchdrungen waren.

Angesichts der »Naivität«, von der die Aufklärung beseelt war, neigt man heute dazu, jene Ära, welche die Moderne ankündigte, mithin auch konstituierte, skeptisch zu belächeln. Horkheimer und Adorno zeigten an, wie die Aufklärung dialektisch zu problematisieren sei, und Denker wie Foucault sahen gar die Aufklärung als Quelle alles Bösen an, das die nachfolgenden Zeitalter durchwirkte. So verständlich diese Sichtweise sein mag im Hinblick auf die Schrecknisse des modernen Zeitalters – Entwicklungen, die nicht unbedingt vom ideologischen Widerstand gegen die Aufklärung herrührten, sondern von der sie antreibenden inneren Strukturlogik –, sollte man die Aufklärung nicht von Grund auf abweisen. Das Postulat, demzufolge die Aufklärung vor sich selbst mit den Mitteln der Aufklärung zu retten sei, verweist darauf, dass es primär um den Verrat geht, den die Aufklärung an ihren eigenen Idealen beging, und nicht um die Ideen der Freiheit und Gleichheit, die diese Ideale speisten. Wichtiger noch: Man negiere nicht die Errungenschaften der emanzipativen Revolution, um ihre nachfolgenden repressiven Auswirkungen zu kritisieren. So limitiert die politischen (und erst recht die gesellschaftlichen) Ergebnisse der Französischen Revolution gewesen sein mögen, kann man die Funktion, die sie bei der Überwindung der feudal-absolutistischen Welt erfüllte, gar nicht hoch genug schätzen. So schrecklich die Auswirkungen des europäischen Nationalismus im 19. und 20. Jahrhundert waren, darf man nicht die emanzipativen Elemente ignorieren, die ihn in seinen Anfängen antrieben. So arg sich die Entfaltung des modernen Kapitalismus im Hinblick auf die repressive Ausbeutung des Menschen erweist, sollte man nicht vergessen, dass es sich um die fortschrittlichste Produktionsweise handelt, die die Menschheit bis heute kennt. In diesem Zusammenhang sind nun die Kriterien für die Definition und Bewertung des Fortschritts klar aufzuzeigen: Eine Gesellschaft, die es geschafft hat, den fundamentalen (materiellen) Mangel abzuschaffen, von dem die Menschheit seit jeher gebeutelt war, darf als fortschrittlicher eingestuft werden als eine Gesellschaft, die noch nicht an diesen Punkt gelangt ist. Eine Gesellschaft, deren Infrastruktur eine höhere Lebenserwartung ihrer Bürger, eine Minimierung der Säuglingssterblichkeit und eine stabile medizinische Versorgung garantieren kann, ist fortschrittlicher als Gesellschaften ohne eine solche Infrastruktur. Eine Gesellschaft, die systematisch und als Teil ihres Selbstverständnisses ihren Mitgliedern die Aneignung von Bildung ermöglicht, deren geistig-kulturelle Entfaltung und die Erweiterung ihres politisch-sozialen Bewusstseins fördert und ihnen verschiedene Wege öffnet, um ihre Wünsche zu erfüllen und ihre individuellen Bedürfnisse zu befriedigen, ist fortschrittlicher als eine Gesellschaft, die in all diesen Belangen zurückliegt. Und da Fortschritt auf jeder dieser Ebenen (und vielen anderen, die hier nicht aufgelistet sind) durch die materielle Basis und das technologische Niveau der Gesellschaft bedingt ist, mag der Stand des technologischen Fortschritts als transhistorisches Kriterium für den Begriff des allgemeinen menschlichen Fortschritts dienen. Das will wohlverstanden sein: Ein technologisches Mittel mag sich als durchaus effektiv in der Realisierung schrecklicher Zwecke und Ziele erweisen. Die Zerstörungskapazität und Vernichtungseffektivität moderner Waffensysteme z. B. ist ungleich größer als die von Waffen früherer Epochen. Nicht das technologische Potential ist aber in diesem Zusammenhang verwerflich, sondern die Entscheidungen, die getroffen werden im Hinblick auf Verwendung und Aktivierung. Gas mag als Energiequelle zum Kochen und Heizen benutzt werden wie eben auch für die Vernichtung von Menschen. Gas an sich ist wertneutral; seinen Wert erhält es durch seinen Gebrauch. Aber selbst dann, wenn man sich auf die zerstörerischen Resultate der Verwendung von Technologie bezieht, kann das Fortschrittskriterium beibehalten werden – der Fortschritt im Vermögen, Schlechtes zu erzielen: etwa der Fortschritt in der Ausschöpfung des Potentials, Menschenleben auszulöschen. Eines steht jedenfalls fest: Ob als Grundlage zur Schaffung von Wohlstand und Prosperität oder als Basis für Zerstörung und Vernichtung, die Realität des technologischen Fortschritts manifestiert sich deutlich die gesamte Menschheitsgeschichte hindurch. Technologischer Fortschritt ist wohl der einzige, den man in jeder Phase der menschlichen Zivilisation nachweisen kann.

Diese materialistische Auffassung war bereits im 17. und 18. Jahrhundert diversen Kreisen bekannt, aber einen nachgerade hegemonialen Rang (bewusstseinsmäßig und als Antrieb für politische und gesellschaftliche Prozesse) erhielt sie erst im 19. Jahrhundert. Die marxistische Tradition repräsentierte in diesem Zusammenhang die Komplementärseite der klassischen Ideologie des Liberalismus, die sich im 18. Jahrhundert, den Maßstab für ökonomischen und politischen Progress stellend, zu entfalten begann. Und dennoch war es in erster Linie die Vernunft, in der die Aufklärung die Grundlage für menschlichen Fortschritt erblickte; es war der menschliche Geist, dem der Fortschritt beigemessen wurde, auch dort, wo seine materiellen Auswirkungen sich noch nicht sozial und politisch manifestiert hatten. Bei Hegel zeigt sich die Bewegung des Geistes als Entfaltung von Bewusstseinsphasen bis hin zur notwendigen Kulmination der Bewusstseinsbewegung im absoluten Geist. Diese Bewegung ist integraler Bestandteil der Hegelschen Geschichtsphilosophie, die sich der von ihm beschriebenen Phänomenologie des Geistes verschwistert weiß. Hervorgehoben sei hier, dass es Hegel zufolge der Geist ist, der die Verwandlung in das, was er ist, hervorruft (der Geist negiert sich selbst, weicht von sich ab, um eine Rückkehr zu sich selbst auf einer höheren Ebene zu ermöglichen); Freiheit ist sein Wesen. Die verschiedenen Phasen der Bewegung des Geistes (vom subjektiven zum objektiven bis hin zum absoluten Geist) sind, so besehen, Emanzipationsphasen der Rückkehr des Geistes zu sich selbst. Entsprechend gilt die Geschichte Hegel als komplexer Prozess voller innerer Spannungen, der sich zu immer höheren Vernunftebenen und Erkenntnishorizonten steigert. Für den hier erörterten Kontext ist entscheidend, dass sich diese Auffassung nicht nur auf den Einzelmenschen bezieht, sondern auf ganze kollektive Epochen. Diese Vernunft- und Erkenntnisebenen sind es, die in jeder Kulturepoche einen verbindlichen intersubjektiven gemeinsamen Nenner schaffen, den Hegel »Zeitgeist« nennt.

Ob man nun dieser historiosophischen Anschauung (die eine reife Stufe im deutschen Idealismus darstellt) in ihrer puren, einzig den Geist belangenden Fassung das Wort redet, oder ob man sie als Grundlage der Erkenntnis der realen historischen Manifestationen dieser progressiven Bewegung nimmt oder ob man die sie konstituierende Fortschrittsdialektik akzeptiert, aber davon ausgeht, dass die Bewegung des Geistes durch die Dynamik der materiellen gesellschaftlichen Verhältnisse bestimmt wird (wie

Marx postulierte) – eines ist klar: Vom Standpunkt der Aufklärung verkörperte diese Fortschrittsphilosophie ein zentrales Moment im komplexen Denken der Aufklärung (und sie lässt sich auch in anderen, dem deutschen Idealismus nicht direkt verschwisterten Wissenskörpern erkennen, etwa in Auguste Comtes Drei-Stadien-Gesetz oder in der Adaptation dieses soziohistorischen Ansatzes durch Herbert Spencer). Dies ist für den hier erörterten Zusammenhang insofern relevant, als diese Feststellung einen zentralen Faktor der allgemeinen Ausrichtung des modernen Zeitalters kodiert. Denn wenn sich die menschliche Geschichte ihrer Tendenz nach progressiv bewegt und ihre Tendenz als Notwendigkeit aufgefasst wird, dann ist jede historische Phase, jeder Abschnitt, jede Epoche einzigartig im historischen Prozess, eigentümlich innerhalb der allgemeinen Entwicklungsabfolge, zugleich aber auch Teil einer über ihre Spezifität hinausgehenden allgemeinen Entwicklungstendenz. In diesem Sinn ist jede Epoche in der Tat »unmittelbar zu Gott« (wie es Leopold von Ranke formulierte), aber sie ist auch die Hervorbringung vorangegangener Epochen und zugleich die historische-soziale-kulturelle Vorbedingung künftiger Epochen. Und was sie zur Vorbedingung und zum Hebel des Fortschritts in Bezug auf die nächste Epoche werden lässt, ist ihr hohes Entwicklungsniveau im Vergleich zu vergangenen Epochen, jenes Fortschrittsniveau, das Hegel zufolge »auf der Höhe der Zeit« liegt.

Intuitiv, ohne tiefere philosophische Begründung, akzeptieren wir das »Höhe der Zeit«-Postulat in den Bereichen der Technologie und der materiellen Grundlagen, die unser Alltagsleben prägen und längst ihr integraler Bestandteil sind. Seitdem es den Pkw gibt, sind die Stärken des lebenden Pferdes anachronistisch geworden, und »Hoppe, hoppe, Reiter« hört sich wie ein Kinderlied aus alten Zeiten an. Nicht von ungefähr nehmen sich Bilder von Pferden aus Regionen, in denen man diese Haustiere noch zu Transport- und Verkehrszwecken verwendet, wie Zeugnisse aus einer anderen (zurückgebliebenen) Welt aus. Und so, wie der Füllfederhalter die Schreibfeder zum überflüssigen Utensil hat werden lassen und die Schreibmaschine sich nach und nach der Schreibpraxis (großer Texte) bemächtigte, so segnete auch die Schreibmaschine das Zeitliche, als die digitalen Computer auf den Markt kamen – man benutzt sie nicht mehr, es sei denn aus nostalgischen Gründen oder irgendeiner idiosynkratischen Präferenz. Wenn man an das von Walter Benjamin so genannte »Zeitalter der technischen Reproduzierbarkeit« und an die Entwicklungsdynamik denkt, die sich beispielsweise im Bereich der Musikreproduktion in weniger als zwei Generationen zugetragen hat, ist es kaum zu fassen, wie schnell gewisse Instrumente, die noch vor nicht allzu langer Zeit als »der letzte Schrei« in ihrem Bereich galten, unserem Bewusstsein entschwunden sind, wobei dieser Verdrängungsvorgang uns selbstverständlich zu sein scheint: Die Erbärmlichkeit des alten Radioempfängers, dem wir im Abfallraum des Wohnhauses begegnen, die Schwerfälligkeit des dicken PC-Monitors, der zugunsten seines dünnen Nachfolgers entsorgt worden ist, und sogar die letztens uns erfassende Befremdung beim Anblick eines Gesprächs von einer öffentlichen Telefonzelle – sie alle bezeugen anschaulich, wie der technologische Progress sich nicht nur unseres physischen Lebens bemächtigt, sondern auch der Wahrnehmung der Realität und ihrer (nicht unbedingt bewussten) normativen Kodierung als »Fortschritt«, »Veraltung«, »Rückständigkeit« etc.

Mehr noch: In den Bereichen der (westlichen) Wissenschaft etwa führt das Veralten dessen, was sich nicht mehr »auf der Höhe der Zeit« bewegt – bzw. nicht den Standards des »state of art« entspricht –, zu seiner unmittelbaren Aufgabe und Verlagerung in den Bereich der Wissenschaftsgeschichte im noch besten Fall; für gewöhnlich gerät es bald in Vergessenheit. In der Tat sind heutige Studenten der Biologie nicht gefordert, Wissen und Erkenntnisse des Aristoteles in ihrem Studienbereich zu kennen. Physikstudenten ist es »gestattet«, nichts über die physikalischen Bewegungslehren, welche die Naturphilosophie des Mittelalters beherrschten, zu wissen. In ihrer Selbstsicht weiß sich die moderne Wissenschaft auf dem Weg, die »Geheimnisse der Welt« fortschreitend zu lösen und ihre Strukturen, Zusammensetzung und Prozesse zu dekodieren; sie entledigt sich all dessen, was diese fortschreitende Tendenz nicht bedient, und hält sich zu diesem Zweck an strenge Prozeduren des Testens und Prüfens, mithin auch an Beurteilungskategorien, mit denen sie Richtiges und Unrichtiges, Wahres und Falsches etc. festzustellen vermag. Der Fortschritt verleiht der Wissenschaft ihre Raison d'être, und zwar auch dann, wenn man davon ausgeht, dass sie primär einen Selbstzweck erfüllt: sie akkumuliert Wissen, erweitert Perspektiven und vertieft das Verständnis der Welt – so jedenfalls das Selbstverständnis der westlichen Wissenschaft.

Die Koordinaten verschieben sich ein wenig, wenn man den Fokus auf die Geistes-, Gesellschafts- und Kulturwissenschaften verlagert. Diese Bereiche werden zwar den Wissenschaften zugezählt, weshalb sie auch die Aura der wahrheitsgetreuen Erforschung ihrer Gegenstände und der Vertiefung ihres Verständnisses umgibt. Es reicht aber schon hin, dass divergente Paradigmen und Grundannahmen verschiedene Lehren über Mensch und Gesellschaft in der Soziologie zeitigen können; dass eine bestimmte Selektion von Fakten und Daten und deren gezielte Anordnung zu einem kohärenten Ganzen gemäß einer prästabilisierten Anschauung unterschiedliche, sich widersprechende Narrative von historischen Ereignissen und Prozessen erzeugen mögen; dass der relativ »offene« Charakter der Hermeneutik in der Philosophie miteinander unvereinbare Einsichten und Erkenntnisse über den gedeuteten Gegenstand zu generieren vermag – um zur Schlussfolgerung zu gelangen, dass die Validitätskriterien der Forschung in diesen Bereichen nicht durchgehend »stabil« sind, sondern oft »auf wackligen Beinen stehen«, sodass man durchaus an deren Anspruch auf Fortschritt zweifeln mag. Und dennoch, trotz all dieser Einwände, darf man behaupten, dass nicht nur die Akkumulation des Wissens über eine lange Zeit eine neue Qualität erzeugende Quantität darstellt (auch ohne feste Validitätskriterien), sondern dass der schiere agonale Kampf zwischen den Theorien und die Festlegung der Prozeduren zur Entscheidung im Wettstreit, die fortwährende Verbesserung der Forschungsinstrumente, die Schärfung der Begriffe, deren sich die Forschung bedient, die mehr oder minder offene kritische Debatte sowie die große Zugänglichkeit der Forschungsergebnisse und der über sie gehaltenen theoretischen Diskurse – dass also all diese einen gewissen unabweisbaren Fortschritt generieren.

Dieser kurze Exkurs über die Konzeption des Fortschritts soll, wie gesagt, auf eines der zentralen Kennzeichen des modernen Zeitalters verweisen: Die Vorstellung von der Zukunft als einem offenen Feld der Verwirklichung von Bestrebungen und Zielen, deren Realisierungspotential sich u. a. von der Auffassung der Gegenwart als Basis der normativen Projektionen auf die Zukunft – als das mögliche Seinsollende, wiewohl noch nicht Bestehende – ableitet. Die Anziehungskraft der Zukunft und der Glaube an den konsequenten Fortschritt auf dem Weg zur erhofften Verwirklichung der in der Zukunft als »*promesse de bonheur*« aufscheinenden Ziele, sie sind es, die den Phasen auf der Achse der fortwährenden Gegenwart ihre Zeitlichkeit verliehen haben, und zwar nicht nur im trivialen Sinne, dass sie ihrem Wesen nach vergänglich sind, sondern vor allem, weil sie (noch) die Vollkommenheit entbehren, welche die Zukunft in sich birgt. Generell kann man behaupten, dass die strukturell wie ideell heterogene Moderne von Anbeginn durch die Dynamisierung der politisch-gesellschaftlichen Wirklichkeit, durch das philosophische und wissenschaftliche Denken über sie und die in ihr zu konstituierende Praxis gekennzeichnet war. Man kann die Bedeutung der modernen Beschleunigung der historischen Wirklichkeit und die Legitimierung des normativen Fundaments, auf dem das sie dynamisierende Prinzip der Veränderung fußt, gar nicht übertreiben, schon deshalb nicht, weil sie es waren, die die prinzipielle Forderung der Überwindung des schlecht Bestehenden, der Abweichung von seinen traditionellen Institutionen und Apparaturen und der Veränderung seiner formalen Koordinaten begründet haben. Der historische Telos als Antriebskraft der Gegenwart und Motor ihrer dynamischen Ausrichtung ist im Wesen modern.

Weitreichende Wirkungen übte dieses Grundmuster der Aufklärung (und der Moderne insgesamt) auf die Kunst aus. Das verwundert nicht, denn wenn die Geschichte als eine progressiv sich bewegende Epochenreihenfolge aufgefasst wird, in der jede neue Epoche durch einen neuen Höhepunkt der materiellen und geistigen Entwicklung gekennzeichnet ist, gibt es keinen Grund anzunehmen, dass die Kunst in dieser Hinsicht eine Ausnahme bilde. Auch die Kunst wurde also dem geschilderten Fortschrittsprinzip subsumiert. Die Neuerung erwies sich dabei als ein dermaßen mächtiges Postulat, dass sie sich ab einem bestimmten Zeitpunkt von ihren allgemeinen ideologischen Zusammenhängen löste und die Innovationsforderung nachgerade zu einem Fetisch gerinnen ließ, der die Rechtfertigung seines (diktatorischen) Anspruchs aus sich selber schöpft: Neuerung um der Neuerung willen, die zugleich auch als Unterscheidungskriterium gegen alles Alternde und Veraltete dient. Im hier erörterten Kontext seien vor allem die innerkünstlerischen Auswirkungen des fortschrittsgetriebenen Neuerungsprinzips hervorgehoben: Wenn man davon ausgeht, dass auch die Kunst die gesamte Geschichte hindurch mehr oder minder häufigen Veränderungen unterworfen ist und dass diese Veränderungen ihren prononcierten Ausdruck in den Formmetamorphosen der Kunstwerke und in deren ästhetischen Gebilden finden, kann man behaupten, dass im modernen Zeitalter die ästhetische Formüberbietung zum Leitprinzip der Kunstpraxis geronnen ist. Der Impuls, die Form durch deren Modifikation oder gar Demolierung zu überbieten, entstammte dem objektiven Bedürfnis, von allem bereits Ausgereizten und Überkommenen auszuscheren, nicht minder aber auch dem in der Kunstsphäre verbreiteten Bekenntnis, dass als erstrebenswert zu gelten habe, was das Unbekannte entbirgt und eine Neuerungsüberraschung bietet. Als der junge Brahms Wagner seine »Variationen über ein Thema von Händel« vorspielte, rief dieser aus: »Man sieht, was sich in den alten Formen noch leisten lässt, wenn einer kommt, der versteht, sie zu behandeln.« Dieses Diktum ist im Hinblick auf das neue Kunstwerk paradigmatisch: Neben dem Brahms für sein handwerkliches Können erteilten Kompliment vernimmt man deutlich die Geringschätzung des künstlerischen Revolutionärs Wagner für die »alten Formen«. In seiner Oper »Die Meistersinger von Nürnberg«, die sich mit dem kulturellen Kampf zwischen dem Alten und dem Neuen in der Kunst befasst, lässt Wagner zwar seinen Helden Hans Sachs sagen: »Verachtet mir die [alten] Meister nicht, und ehrt mir ihre Kunst!« Aber es ist auch klar, wem am Ende des Gesangswettbewerbs, der den kulturellen Kampf entscheiden soll, der Preis gebührt: Es ist Walther von Stolzing, der neue Revolutionär – Wagners Bühnenebenbild.

Die Formüberbietung nahm im Verlauf des 19. und 20. Jahrhunderts verschiedene Formen in sämtlichen Kunstbereichen an. Zuweilen bewegte sie sich in relativ ruhiger evolutionärer Manier, manchmal als drastischer Akt innerhalb der gängigen Normen und Konventionen und oftmals als lautstark-wütende Zerstörung von Werten und Traditionen, die sich in fundamentalen Paradigmenwechseln ganzer Kunstbereiche und Genres ausdrückten. In bestimmten Fällen manifestierten sich die revolutionären Veränderungen im individuellen Entwicklungsprozess des Künstlers (ein beredtes Beispiel hierfür findet sich in den formalen Neuerungen, die das gesamte sinfonische Werk Beethovens atmet, zumeist schon im Übergang von einer Sinfonie zur nächsten). In besonderen historischen Momenten ging es um die massive Transformation des gesamten Kunstbereichs (so erwies sich etwa im Nachhinein die Vereinigung der französischen Impressionisten und ihr Kampf um eine eigene Tagesordnung im Bereich der Malerei als eine radikale historische Wende von überindividueller kultureller Bedeutung). Das individuelle Bedürfnis nach Entfaltung und kollektive Abläufe im Kunstfeld widerspiegelten immanente Wandlungsprozesse der Kunst, die ihre *Raison* d'*être* vom Prinzip der Formüberbietung und dem sie antreibenden Fortschrittsglauben bezogen. Zu einem (eventuell nur mit der kulturellen Revolution der Renaissance vergleichbaren) Höhepunkt gelangte der umfassende Prozess fortwährender Formüberbietungen in den Avantgardebewegungen zu Beginn des 20. Jahrhunderts, als die entschiedene Fortschrittstendenz zur Aufgabe der Tonalität zugunsten der Atonalität im Bereich der Kunstmusik führte; zum Abschied von der figurativen Malerei zugunsten der konsequenten Abstraktion in der darstellenden Kunst; zur Erschütterung der Grundsätze von Chronologie und Linearität in der Literatur zugunsten dessen, was später »Bewusstseinsstrom« genannt werden sollte; zur Einführung des verstörenden Absurden im Bereich des Theaters u.s.w. Das heißt nicht, dass alle Sphären des jeweiligen Kunstfeldes und die ihm innewohnenden Möglichkeiten sich fundamental veränderten und sich schlagartig dem Diktat des neuen avantgardistischen Paradigmas und seinen exzessiv radikalen Regeln beugten. Und dennoch schlugen sich die umwälzenden Veränderungen derart massiv in den verschiedenen Kunstbereichen nieder, dass sie früher oder später zum Maßstab des Kunstfeldes avancierten – zur Bestimmung der Manifestationen des Zeitgeistes »auf der Höhe der Zeit« und sogar (das Selbstverständnis als *Avantgarde* indiziert es ja) zur Verkünderinnen der kommenden neuen Zeit.

Genau in diesem Zusammenhang erhebt sich aber erneut das eingangs beschriebene Grundproblem: Wie ist die Tatsache zu verstehen, dass wir den Kunstwerken vergangener Epochen Genuss, ästhetisches Wohlgefallen, geistige Erhöhung oder intellektuelles Interesse abgewinnen können, aber die Ausdrucks- und Stilmittel dieser Werke als Mittel heutiger Kunstpraxis nicht akzeptieren würden? Warum sprechen uns die Erzeugnisse des Zeitgeistes früherer Epochen an und bedeuten uns etwas, obwohl sie im Hinblick auf die künstlerisch-geistigen Erzeugnisse unserer Zeit anachronistisch sind? Bereits Marx hat sich dieser Frage, wenngleich nicht sonderlich tiefgehend, gestellt. In der Erörterung des dynamischen Verhältnisses zwischen Basis und Überbau berührte er als ein erklärungsbedürftiges Problem die Tatsache, dass die antike Kunst im allgemeinen und besonders das griechische Epos – Erzeugnisse einer sozial-ökonomischen Ordnung, die längst aus der Welt ist – uns bis heute großen Genuss verschaffen und sogar als unerreichtes Vorbild dienen können. In der Einleitung zu seiner Schrift »Zur Kritik der politischen Ökonomie« bot er folgende Erklärung: »Ein Mann kann nicht wieder zum Kinde werden oder er wird kindisch. Aber freut ihn die Naivetät des Kindes nicht, und muss er nicht selbst wieder auf einer höhren Stufe streben, seine Wahrheit zu reproduzieren? Lebt in der Kindernatur nicht in jeder Epoche ihr eigner Charakter in seiner Naturwahrheit auf? Warum sollte die geschichtliche Kindheit der Menschheit, wo sie am schönsten entfaltet, als eine nie wiederkehrende Stufe nicht ewigen Reiz ausüben? Es gibt ungezogene Kinder und altkluge Kinder. Viele der alten Völker gehören in diese Kategorie. Normale Kinder waren die Griechen. Der Reiz ihrer Kunst für uns steht nicht im Widerspruch zu der unentwickelten Gesellschaftsstufe, worauf sie wuchs. Ist vielmehr ihr Resultat und hängt vielmehr unzertrennlich damit zusammen, dass die unreifen gesellschaftlichen Bedingungen, unter denen sie entstand und allein entstehen konnte, nie wiederkehren können.«

Man verspürt eine gewisse Verlegenheit bei der Lektüre dieser Erklärung aus der Feder eines Denkers vom Range Marx'. Der Vergleich des Verhältnisses des modernen Menschen zur antiken Kunst zu dem des erwachsenen Mannes zu seiner Kindheit hört sich zwar poetisch nett an als isomorpher Vergleich. Aber sie erweist sich spätestens dann als problematisch, wenn sich die »Naivetät des Kindes« als Quelle des Genusses im Nachhinein erweist – oder vielleicht gar als Projektionsfläche einer auf die Vergangenheit gerichteten Sehnsucht. Ein gewisser nostalgischer Ton (ein »verlorenes Paradies« betrauernd?) schleicht sich in den Vergleich ein; denn was ist denn der »ewige Reiz« der »geschichtlichen Kindheit der Menschheit« als eine »nie wiederkehrende Stufe«, wenn nicht genau das – ein Vergleich, der die Kunst mutatis mutandis zu etwas unschädlich Nettem verkommen lässt. Wenn Marx die antiken Völker mit »ungezogenen«, »altklugen« und »normalen« Kindern vergleicht, erstellt er sich ein Kriterium für das, was ihm als die schönste Entfaltung der geschichtlichen Kindheit der Menschheit gilt, entwindet sich damit jedoch nicht dem Teufelskreis der Metapher, schon gar nicht löst er das Problem des realen Verhältnisses von Basis und Überbau. Denn was er nicht bereit ist zu akzeptieren in

Bezug auf jedwede Religion, auf philosophisches Denken, das seine Relevanz verloren hat, oder auf eine veraltete wissenschaftliche Erkenntnis (wenn überhaupt, würde er ihren ideologischen Charakter entlarven wollen), ist er bereit, im Fall der Kunst hinzunehmen. Dies hängt vielleicht damit zusammen, dass er das Wesen der Kunst und des Ästhetischen, die sich nicht einfach in eine reduktive Konzeption des Überbaus integrieren lassen, nicht zu erfassen vermochte (ein Mangel, den nachfolgende marxistische Denker brillant überwunden haben), vielleicht auch, weil sich Marx mit Kunst und Kunstgeschichte nie systematisch befasst hat. Georg Lukács hat im Hinblick darauf die dem Marxschen Denken nächststehende Lösung angeboten, als er mit Bezug auf die Kunstgeschichte im allgemeinen feststellte, dass große Kunstwerke die elementaren sozialen Verhältnisse in der Zeit der Entstehung des Werks vorbildlich widerspiegeln. Wer sich zu ihnen als Erzeugnisse einer vergangenen Zeit verhält, erkennt in ihnen unmittelbar sich selbst und in der Vergangenheit der Menschheit seine eigene. Die Kunst, postulierte er, weckt unser historisches Bewusstsein. Das geschichtliche Bewusstsein verstärkt und vertieft sich, je höher die Entwicklungsstufe, welche die Menschheit erlangt hat. Das Problem der Kunst als Erscheinung des Überbaus ist damit freilich nicht gelöst worden, und im Grunde ist es bis heute ungelöst geblieben.

In der Tat lassen sich beide Teile der oben gestellten Frage nicht simpel mit einer einheitlichen Erwiderung beantworten. Wenn man die historische Dimension des Ästhetischen nicht eliminieren, sondern im Gegenteil gerade die Annahme des »Ewigkeitswerts« ästhetischer Erscheinungen in Abrede stellen möchte, kann man der Frage, warum wir die künstlerische Vergangenheit in ihrer jetzigen Rezeption akzeptieren, und der Frage, warum wir ebendiese künstlerische Vergangenheit für die gegenwärtige Kunstpraxis ablehnen, nicht mit einer einzigen Antwort begegnen. Zumindest im Hinblick auf die mögliche Antwort handelt es sich um zwei verschiedene Fragen. Mag sein, dass Wagner nach eigenem Bekunden tatsächlich bestrebt ist, die »alten Meister« zu ehren, was er aber vor allem möchte, ist, sie überwinden, sie als eine anachronistische museale Last hinter sich lassen. Und er veranschaulicht dies mit unverhohlenem, fast schon sadistischen Genuss in der Gestaltung der lächerlichen Figur von Sixtus Beckmesser in »Die Meistersinger von Nürnberg«. Die Verhöhnung ist ihrer Tendenz nach programmiert. Und dennoch stattet Wagner Beckmesser mit einem Lied von eigentümlichem Zauber aus; trotz der öffentlichen Beschämung und Erniedrigung ist er selbst nicht imstande, die Schönheit der aus dem Munde des unglücklichen Meistersingers ertönenden Verzerrungen zu ignorieren – spätestens die Zuhörer erleben dies.

Es handelt sich offenbar um zwei unterschiedliche Diskursbereiche. Zwar stehen uns zur Zeit noch keine eindeutigen Kriterien zur Bestimmung der Fortschrittlichkeit von Kunst zur Verfügung; aber gerade deshalb (und wohl als Kompensation dieses Mangels) wendet man das Kriterium der Neuerung umso entschiedener an, und zwar in allen Kulturbereichen. Dies gilt als selbstverständlich im Bereich der »hohen« Kunst, ungeachtet der Frage, ob es um moderne Formüberbietung oder um subversiv-postmoderne Leseweise (bzw. Dekonstruktion) bestehender Werke geht. Dies gilt auch für die permanente Reproduktion des Immergleichen in den Bereichen der massenorientierten Kulturindustrie: Irgendwann ist man des aggressiv vermarkteten modischen Hits leid, und ein anonymer Konsumapparat sorgt dafür, das er verschwindet – was wiederum die Produktion immer neuer Hit-Stimuli erfordert; die Song-Charts und Bestsellerlisten konservieren die Chronik des Erscheinens und Verschwindens dieser kulturellen Konsumerzeugnisse. Eine mindere Bedeutung ist in diesem Kontext der Beschränktheit des vermeintlich »hohen« Publikums beizumessen: Man deute nicht seine Unfähigkeit, sich neuen Werken jetziger Kunst auszusetzen, und seine Präferenz des Bekannten und Bekömmlichen als Ablehnung des Neuen. Denn auch dieses Publikum ist sich dessen bewusst, dass ein von ihm vorgezogener Beethoven das Genie der deutschen Klassik nicht zum zeitgenössischen Künstler werden lässt; es würde verwundert reagieren, wenn man ihm ein heutiges Werk, das auf Beethovens Ausdrucksmittel basiert und in seinem Stil geschrieben ist, anböte. Und selbst, wenn diese Verwunderung mit gewisser Freude verbunden wäre (über die »Wiedergeburt« Beethovens in unseren Tagen), bezeugte dies lediglich das Ressentiment gegenüber dem Neuen – zugleich aber auch das verdrängte Bewusstsein davon, dass dies Neue »unabwendbar« ist. So, wie das Publikum sich weigern würde, ein erreichtes technologisches Niveau, dessen es sich im Alltag bedient, aufzugeben, orientiert sich seine Intuition im Bereich der Kunst am Neuen, so nebulös er dies Neue rezipiert; es kann auch sein, dass da ein gewisses inneres Gefühl der »Angemessenheit« am Werk ist im Hinblick darauf, was »passt« oder »nicht passt«. Kulturfelder, die sich selbst traditionell als Bewahrer des Alten sehen – z. B. Konservierung gewisser musikalischer Praktiken im religiösen Bereich –, gehören nicht in dieses Diskursfeld.

Wie aber kann man die aktuelle Wirkung verstehen, die alte Werke auf uns ausüben, Werke, deren historische Einordnung es nicht ermöglicht, ihren Genuss mit irgendeiner Kategorie der Angemessenheit »herauszureden«? Diese Frage bezieht sich nicht auf die Wahrnehmung des Alten als solches, sondern auf die reale Wirkung, die mit dem Erscheinen des Alten entsteht (unter der Bedingung, dass man sich ihr öffnet). Die Antwort darauf befindet sich ganz im Bereich der kulturellen Kanonisierung von »hoher« Kunst und der Sozialisation, der es bedarf, um sie adäquat zu rezipieren. Kunst öffnet sich ihrem Rezipienten nicht von selbst, wie es im romantisierenden Klischee heißt; sie erfordert die Mühsal ihrer Aneignung und stellt immer höhere Anforderungen, je komplexer sich ihre Entwicklung in den verschiedenen Kultursphären gestaltet. Dabei stellt sich heraus, dass die angeeignete Fähigkeit, Kunstwerke zu dekodieren, mit gesteigerter Genussfähigkeit einhergeht. Von geringer Bedeutung ist in diesem Zusammenhang, ob die Wirkung des ästhetischen Erlebnisses, die geistige Erhöhung, die man bei gelungener Dekodierung des Werks erfährt, und die sozial geförderte narzisstische Selbstzufriedenheit ob der Demonstration des angeeigneten »kulturellen Kapitals« sich miteinander vermengen. Fetischistische Kunstrezeption und individuelle Fähigkeit, sich interesselosem Wohlgefallen am Kunstwerk hinzugeben, lassen sich nicht immer eindeutig voneinander trennen: Das Werk Beethovens wird stets in einem mehr oder minder komplexen Dekodierungsprozess gehört, verinnerlicht und erlebt. Zugleich ist sich der Hörer dessen bewusst, der Aufführung eines Beethoven-Werks beizuwohnen und was er dem Werk und seiner Aufführung »schuldet«. Das ist nicht negativ gemeint: Zwar hatte Siegfried Kracauer recht mit seiner Beschwerde, dass das Publikum immer mehr dazu neige, die Qualität des Werks zu vernachlässigen (er bezog sich auf das Lesepublikum von Bestsellern). Aber eine wahrhaftige Auseinandersetzung mit dem Werk und prästabilisierte äußere Urteile darüber schließen sich nicht zwangsläufig gegenseitig aus. Die Wechselwirkung der inneren Aura des Werks und der Aura seines Renommees mögen sich als produktiv im Verlauf seiner Rezeption erweisen. Der Genuss des Werks oder die Enttäuschung von einer bestimmten Aufführung, von der dem Werk gegebenen Deutung und sogar über eine geschriebene Kritik hängen eng mit dieser Wechselwirkung zusammen. Von selbst versteht sich, dass eine Kanonisierung des Werks den

»legitimen« Erwartungshorizont von ihm von vornherein einengt; zugleich mag sie aber die Sinne im Hinblick auf seine Aufführung sowie auf das Spektrum der Debatte und der Kritik schärfen. Es wäre falsch, die Kanonisierung des Werks und die Sozialisation zu seiner Wahrnehmung und Aufnahme als minderwertige Faktoren der Kunstrezeption anzusehen; sie sind unabkömmlich, bilden gerade konstitutive Momente in ihr. Als solche mögen sie auch erklären, was sich für uns in der Rezeption von Kunst vergangener Epochen als anachronistisch ausnimmt: Wir lernen, sie zu lieben, wir eignen uns die Fähigkeit an, sie zu schätzen, wir werden trainiert – zuweilen dressiert und auch nicht selten manipuliert –, sie zu mögen.

Während also die an den heutigen Künstler gerichtete Forderung, »auf der Höhe der Zeit« zu schaffen, sich einem gewissen Gefühl der Angemessenheit (im Hinblick auf die Gegenwart), dem Anspruch, unentwegt Neues zu entdecken und zu produzieren, und dem diesem Anspruch verschwisterten Postulat der Formüberbietung verpflichtet weiß, wirkt sich der Einfluss vergangener Kunst in der Gegenwart als angeeignetes kulturelles Kapital aus, als Erzeugnis erzieherischer Sozialisation und kultureller Kanonisierung, welche – zusammenwirkend – die Entfaltung von gutem Geschmack, Kunstverständnis und (äußerlichem) Urteilsvermögen, mithin wirklichen Kunstgenuss ermöglichen. Das Problem besteht darin, dass diese Einsichten und Erkenntnisse uns kein gültiges Kriterium zur Bestimmung des Fortschrittlichkeitsgrads von Kunst bieten. Das Niveau ihrer Fortschrittlichkeit bemisst sich für uns am Vergleich ihrer gegenwärtigen Konventionen mit den Kunstnormen vergangener Zeiten und dem Pathos ihrer Überwindung. Aber reicht das hin, um zu postulieren, dass Picassos Kunst fortschrittlicher sei als die Kunst Rembrandts? Dass Beethovens Musik hinter der Schönbergs hinkt? Dass die Modernität der Bauhaus-Architektur an sich progressiver sei als die Architekturprinzipien, gegen welche sie sich voller Emphase gerichtet hat? Die Antwort darauf ist nicht eindeutig. Und insofern sie dennoch gegeben wird, fußt sie im Grunde mehr auf einer bestimmten Geschichtsphilosophie und weniger auf ästhetischen Wahrheiten. Wer sich nicht der Auffassung einer Widerspiegelung des Sozialen (»auf der Höhe der Zeit«) in den Werken der Kunst verpflichtet weiß, kann sich mit den hier angebotenen Einsichten nicht begnügen – und dies, obwohl man intuitiv weiß, dass trotz des von einer Mozart-Sinfonie immer noch gewonnenen Genusses es heute schon »unmöglich« geworden ist, eine Sinfonie im Stil des österreichischen Genies zu schreiben.

Konzeptkunst

Als eine der radikalsten Entwicklungen der Formüberbietung in der westlichen Kunstmoderne darf die Heraufkunft und Verbreitung der Konzeptkunst im letzten Drittel des 20. Jahrhunderts angesehen werden. Ihre Radikalität geht in der Tat an die Wurzel. Denn wie immer entschieden sich das Postulat der Formüberbietung in den unterschiedlichen Kunstbereichen des 19. und 20. Jahrhunderts auswirkte, hat es doch nie das Paradigma der Form verlassen, vor allem nicht die Bestrebung, sie in ein materiell erfassbares Kunstobjekt umzusetzen. Es ist nun dieses Wesensmerkmal der Kunstpraxis, gegen das sich die Konzeptkunst erhob, als sie ein Grundprinzip der bildenden Kunst zu untergraben begann: das ihrer Visualität. Die Subversion geht ans Eingemachte: Die dem Kunstwerk zugrunde liegende Idee, ihr begriffliches Konzept (daher der englische Name Conceptual Art), soll nicht weniger als seine materielle Verwirklichung ersetzen, und zwar nicht etwa, weil es an Finanzierungsmitteln oder technischen Möglichkeiten mangelt, das Kunstobjekt herzustellen, sondern weil die Idee nunmehr ihrer Verwirklichung für ebenbürtig erachtet wird. Der Betrachter des Werks ist nicht mehr auf seine sensuelle Wahrnehmung beschränkt, sondern ist gefordert, die vollends aufgelöste Form zu reflektieren und das Werk kontemplativ zu erfassen. Das bedeutet, dass das Kunstwerk der Sphäre seiner Vollendung entschlagen wird, um dem Prozess seiner unbegrenzten individuellen Rezeption durch den Betrachter untergeordnet zu werden. Es lässt sich sagen, dass die Konzeptkunst sich ihrer Tendenz nach durch Entmaterialisierung des Kunstaktes und die Reduktion der Mittel, die ihn konstituieren, kennzeichnet. Sie begnügt sich praktisch mit der Vergegenwärtigung der Planung des Werks, präsentiert dem Rezipienten Entwürfe als etwas Endliches, schriftliche Handlungsanweisungen für etwas, das nicht vollzogen werden soll, Ideen für unrealisiert bleibende Projekte, Beschreibungen, Skizzen, Photos etc. Mehr noch: Obgleich Werke der Konzeptkunst im Laufe der Jahre ihren Platz in großen Museen für moderne Kunst fanden, lehnten viele ihrer Schöpfer diese konventionelle Ausstellungspraxis ab und mieteten z. B. ganze Zeitungsseiten als alternativen »Ausstellungsraum«. 1969 gründeten gar die britischen Künstler Terry Atkinson und Michael Baldwin die Zeitschrift »Art Language« als offizielles Organ der Konzeptkunst-Bewegung, das sie selbst für ein Kunstwerk erklärten.

Diese Reflexion über den Kunstakt, über die Entstehungswege von Kunst, die im Kunstfeld wirkenden Mechanismen und die Wahrnehmungsweisen durch die Rezipienten sollten in erster Linie den Betrachter dazu animieren, sich auf die Kontemplation des Kontexts einzulassen, die gedankliche Auseinandersetzung mit der Herstellungspraxis des Werks. Erhofft wurde eine Neudefinition von Kunst, die sich nicht mehr auf physische Objekte bezieht, sondern auf Ideen und mentale Konzepte, die sich zwar prinzipiell realisieren lassen, die Realisierung aber nicht als notwendig ansieht. Und insofern sich die Konzeptkunst dennoch mit einer Materialanordnung befasste, zielte der kompositorische Akt nicht auf die Erzeugung ästhetischer Werte, sondern auf die Reflektion über den Konnex zwischen dem wahrnehmbaren Objekt, seiner alternativen Dar- und Ausstellungsweisen und seiner verbalen Definition (wobei letztere, wie gesagt, selbst als Kunstobjekte verstanden werden). So enthielt »One and Three Chairs«, ein Werk von Joseph Kosuth, einem der Pioniere der Konzeptkunst, neben einem realen Stuhl auch die Photographie eines Stuhls sowie einen Lexikontext über »Stuhl«. Erörtert wurden dabei auch Fragen der Authentizität des Werks und der Autorität des »Autors«: Was im Zusammenhang moderner Reproduktionstechnik (Photographie) als Problem aufgegriffen und bereits von Walter Benjamin analysiert worden war, diente gleichsam als »Lösung« bei der Konzeptkunst – zu den Herstellungsanweisungen von Objekten (die man gar nicht herzustellen gedachte) fügte man Anweisungen über die (beschränkte) Anzahl von herzustellenden Exemplaren hinzu, die der Künstler »genehmigte«, wodurch das Objekt die Autorisierung durch seinen Schöpfer erhielt. So dienten auch Signatur, Nummerierung und Betitelung der Objekte als Praktiken zur Wahrung der Autorität des Künstlers, wo doch gerade diese eigentlich untergraben werden sollte. Die Grenzen zwischen der Herstellung des Werks und seiner Rezeption waren es, die es unkenntlich zu machen galt. Nicht von ungefähr versteht man heute diese Kunstpraxis als historischen Ursprung der sogenannten interaktiven Kunst.

Das will wohlverstanden sein: Die Innovation der Konzeptkunst-Bewegung drückte sich nicht in der Idee aus, das Kunstwerk als Konzept aufzufassen, sondern in der erklärten Absicht, das Konzept vom Werk zu »befreien«. Die Vertreter der Bewegung waren bestrebt, eine Konkretisierung ihrer Ideen zu schaffen, die mit den als Objekte verwirklichten Werken konkurrieren könnte. Ihr Ziel war es, die »retinale Ästhetik« (ein mit der Wahrnehmung durch die Retina, die Netzhaut, erzeugtes künstlerisches Wohlgefallen) hinter sich zu lassen; sie meinten auch, damit die der Abstraktion der figurativen Malerei zu Beginn des 20. Jahrhunderts zugrunde liegende Emphase überwinden zu können. Die Vertreter der malerischen Abstraktion wollten zwar das Geistige in der Kunst fördern und künstlerisch verwirklichen, aber ihre Versuche basierten noch zwangsläufig auf der (verpönten) retinalen Ästhetik, wussten sich mithin der Visualität des Kunstobjekts verschwistert. Es sei indes darauf hingewiesen, dass das Verhältnis des Kunstwerks zu der ihm zugrunde liegenden begrifflichen Idee schon vorher Gegenstand einer veritablen kulturellen Debatte war, und zwar nicht im Bereich der bildenden Kunst, sondern in dem der Kunstmusik des 19. Jahrhunderts. Gemeint ist die ideologische Polemik zwischen Anhängern der Programmmusik und ihren Widersachern, die dem Postulat der »absoluten Musik« anhingen.

Programmmusik lässt sich als *Instrumental*musik mit außermusikalischem Inhalt definieren, welcher dem Zuhörer durch eine Überschrift oder ein dem Werk beigefügtes Programm mitgeteilt wird. Der Inhalt kann auf einer Erzählung, einer Situationsbeschreibung, imaginierten Bildern, aber auch abstrakten Ideen basieren. Er soll den Komponisten inspirieren, der seinerseits die Phantasie des Zuhörers auf gewisse außermusikalische Bezüge musikalisch zu steuern hat. Unter den zentralen Genres der Programmmusik lassen sich Opern- und Konzertouvertüren (insofern sie sich einem programmatischen Inhalt verschreiben), vor allem aber sinfonische Dichtungen auflisten. Gewöhnliche Vokalmusik, Ballettmusik oder Filmmusik werden nicht zu den programmmusikalischen Formen gezählt, obwohl sie sich an außermusikalischen Inhalten anlehnen, weil in diesen Fällen die Musik von vornherein etwas ihr Äußeres (eine Handlung, einen Text etc.) bedienen soll. Das »Skandalon« im Programmprinzip lag, seinen Gegnern zufolge, nicht in der schieren Verbindung verschiedener Kunstmedien (etwa Musik und Literatur oder Musik und Lyrik), sondern in der Infiltrierung außermusikalischer Elemente in die Sphäre purer Musik, deren innere Logik sich ganz und gar der Reinheit der Musik und den ihr eigenen Ausdrucksmitteln verpflichtet weiß. Das war ja gerade das »Erschütternde« an Beethovens neunter Sinfonie: dass die menschliche Stimme und der Text in das Reich der orchestralen Instrumentalmusik par excellence, der Sinfonie, eingedrungen waren. Die Verbindung von Orchestermusik mit choralen oder solistischen Vokalpartien (wie Kantaten oder Oratorien) waren natürlich in der Musikgeschichte schon viel früher bekannt, beliebt und ohnehin »legitim«. Das Revolutionäre an Beethovens künstlerischem Akt manifestierte sich in der Überschreitung der Grenzen der Kunstbereiche, die bis damals ihrem Wesen nach als autonom galten: exklusiv in ihren Ausdrucksmitteln, der Materialanordnung und ihrem Kommunikationsmodus mit den Rezipienten. Eine beeindruckende theoretische Fundierung der Auffassung von der exklusiven Spezifität der einzelnen Kunstmedien findet sich in Lessings 1766 veröffentlichtem Werk »Laokoon oder über die Grenzen der Mahlerey und Poesie«.

Es sei also im hier erörterten Zusammenhang hervorgehoben, dass programmatische Musik als konzeptueller Gegensatz zur »absoluten Musik« zu verstehen ist, d. h., zu einer von außermusikalischen Elementen losgelösten Musik, in der Empfindungen, Gefühle und Ideen nicht in Worten ausgedrückt werden – sie ist »absolut« in ihrer Verweigerung des Heteronomen, und sie verweigert sich dem Heteronomen, weil sie ihrem Wesen nach einer repräsentativen Dimension entbehrt. Es ist nun diese grundsätzliche Einstellung, gegen die sich Mitte des 19. Jahrhunderts die sogenannte »Neudeutsche Schule« richtete, welche sich zum Ziel gesetzt hatte, die Musik von ihren formalen Grenzen zu befreien und ihre poetische Ausdruckskapazität zu vertiefen. Wortführend in dieser Bestrebung war Franz Liszt, der das Komponieren von Programmmusik forderte, die auf einem Thema fußt, das eine Gestalt oder einen Gedanken repräsentiert. Dieses Thema unterläuft formale Metamorphosen, insofern dies der musikalische Fortgang, entsprechend der literarischen bzw. dramatischen Vorlage, der er unterworfen ist, erfordert. Liszt war der Meinung, dass die der Musik zugrunde liegende Idee kein Resultat willentlicher freier Wahl ist, sondern etwas bereits Bestehendes, ungeachtet der Frage, ob man seiner bewusst ist und es akzeptiert. Die höchste Form der Verwirklichung dieser Idee war für ihn die sinfonische Dichtung. Er schrieb 12 Werke dieser Gattung, von denen »Les Preludes« die berühmteste ist.

Hector Berlioz, Franz Liszt und Richard Wagner dürfen als das führende Dreigespann der Genese der Programmmusik und ihrer konzeptuellen Fortführung gelten. Berlioz' »Symphonie fantastique« von 1830 muss in diesem Zusammenhang für paradigmatisch erachtet werden. Auch sein späteres Werk »Harold en Italie« gehorcht ganz und gar dem programmatisch durchwirkten Musikkonzept. Liszt übte immensen Einfluss auf Wagner und die von ihm entfaltete Idee des Gesamtkunstwerks aus. Und trotz der bereits bei Carl Maria von Weber, Mendelssohn und Schumann zuweilen auftauchenden programmatischen Blüten kann man in Liszt den entscheidenden Beginn einer reichen deutschen programmmusikalischen Tradition sehen, die sich in der zweiten Hälfte des 19. Jahrhunderts rasant entwickelte und in das 20. Jahrhundert hineinwirkte, vor allem im musikalischen Schaffen Gustav Mahlers und Richard Strauss', der die Gattung der sinfonischen Dichtung in Meisterwerken wie »Till Eulenspiegel«, »Ein Heldenleben«, »Don Juan« und »Also sprach Zarathustra« zur höchsten Entfaltung brachte. Nicht alle Komponisten bewegten sich allerdings auf dieser neuen Bahn. Nicht wenige der Herausragenden unter ihnen wie Anton Bruckner und Johannes Brahms lehnten die programmatische Auffassung von Grund auf ab – Bruckner gerade als Bewunderer von Wagner und Brahms als Teil des vom renommierten Wiener Musikkritiker Eduard Hanslick, einem der bedeutendsten Theoretiker der »absoluten Musik« im 19. Jahrhundert, angeführten Lagers der Widersacher Wagners. Musikhistoriker sind sich nicht einig, ob der Begriff »Programmmusik« dem französischen *symphonie à programme*, das nach und nach zu *musique à programme* mutierte, entstammte oder um 1850 herum in Deutschland seinen Ursprung hatte. Für den hier erörterten Zusammenhang ist dies gleichgültig. Denn die hier relativ detailliert vorgestellten musikhistorischen Abläufe sollen lediglich exemplifizieren, dass der Konzeptkunst-Diskurs im 20. Jahrhundert nicht im luftleeren Raum entstand; er lässt sich genealogisch in die Geschichte kultureller Prozesse einordnen, die vermeintlich nichts mit ihm direkt zu tun haben: Begreift man die Programmatisierung der Musik nämlich als Infiltrierung der begrifflichen Dimension in den abstraktesten, begriffsfernsten aller Kunstbereiche, kann man in dieser »Kontaminierung« der geschlossenen musikalischen Form (die schärfste gegen Wagner geübte Kritik betraf die »Formlosigkeit« der von ihm komponierten Musik) den historischen Keim des Prozesses sehen, der schlussendlich zur Aufhebung der Form, im Grunde aber zur Aufhebung des Werks insgesamt im Namen seines Konzepts führen wird. Das will nicht besagen, dass die Anhänger der Programmmusik die musikalische Form als solche, schon gar nicht das musikalische Werk insgesamt aufgehoben wissen wollten – im Gegenteil, sie waren bestrebt, sich der alten Formen zugunsten neuer zu entledigen und statt des traditionellen Werks »Gesamtkunstwerk«, »Multimediakunst«, »Totales Theater« und andere uns heute geläufigen Begriffskonstellationen anzubieten. Indes, so wie man eine Entwicklungslinie von der Form des Spielfilms über die des televisionischen Dokumentarfilms bis hin zu den jetzigen formlosen Reality-Sendungen wie »Big Brother« (die vielleicht irgendwann die Ideologie einer vollen Identifizierung der Realität mit ihren integralen Repräsentationen zeitigen wird) verfolgen kann, darf man in der Formüberbietung der Synthese des künstlerischen Unbegrifflichen mit dem Begrifflichen den Ursprung der Tendenz sehen, die auf die Ersetzung des Kunstwerks durch sein Konzept hinausläuft.

Dies hängt mit einem verwunderlichen Phänomen der Kunstmoderne zusammen, bei dem es schwer auszumachen ist, ob es von der immanenten Entwicklung der Kunst im modernen Zeitalter herrührte oder von kunstheteronomen Faktoren beeinflusst war; es ist davon auszugehen, dass beides zusammenwirkte. Gemeint ist die Neigung der Kunst, sich selbst zu eliminieren. Sie vollzieht dies durch die Annullierung der Grenzen zwischen sich als etwas Künstliches und der sozial-historischen Lebensrealität, genauer: die Neigung, das »Als ob«, das die Wirklichkeit und die künstlerische Rechenschaft über diese trennt, abzuschaffen. Wie oben angezeigt, war bereits die klassische Dada-Bewegung bestrebt, alles Bestehende prinzipiell infrage zu stellen, einem absoluten Individualismus zu frönen sowie Normen und konsensuelle Ideale fortwährend praktisch zu unterwandern. Die traditionellen Kunstkonventionen, Erzeugnisse einer kollektiven Disziplin und einer repressiven gesellschaftlichen Moral, trachteten die Dadaisten durch simple, zufällige und willkürliche Handlungen in den Bereichen des Wortes und des Bildes zu ersetzen, wobei sie sich der Definition von »Dadaismus« enthielten, damit er nicht zur Ideologie verkomme. Längerfristig konnte aber auch der Dadaismus dem Schicksal der Etablierung und der Routine nicht entkommen (Max Weber wies darauf hin, dass jedes noch so begeisternde Charisma dazu verurteilt ist, früher oder später einen schleichenden Prozess der Veralltäglichung zu durchlaufen); die Mitglieder der Bewegung riefen daher zur Zerstörung der in ihr entstandenen

Ordnung auf – Ordnung als solche, jede Ordnung galt ihnen als der Hinterfragung und Zerstörung würdig. Indem sie so handelten, meinten sie, Dada als eine sich jeglicher Kategorisierung und Definition entschlagenden Antikunst zu erhalten (wobei sie sich dezidiert von den Bewegungen der Futuristen und Kubisten unterschieden wissen wollten). Was in diesem historischen Zusammenhang ins Auge sticht, ist, dass die Absage des Dada ans Bestehende eine Kunstauffassung in sich birgt, die in dieser eine Art »Alternative« (oder Gegenentwurf) zum Leben erblickt, mithin eine Bejahung des Lebens durch seine (künstlerische) Verneinung. Nicht verwunderlich also, dass, wenn das (repressive) Leben in die Kunst, die sich ihm als Alternative anbietet, eindringt, die etabliert-institutionalisierte Kunst zur Selbstaufhebung aufruft, indem sie sich zur Antikunst deklariert. Das »Anti« gegen das repressive Leben mutiert hier zum »Anti« gegen die Kunst, weil sich diese dem repressiven Leben gegenüber affirmativ verhält. Das sich hier erhebende Problem berührt nicht nur den von vornherein zum Scheitern verurteilten Versuch einer Quadratur des Kreises, sondern auch die Hybris, gleichsam ein »Gegenleben«, eine Alternative zum Leben anzuzeigen.

Es will scheinen, als sei es diese latente Tendenz im Dadaismus gewesen, die der Konsequenz zugrunde lag, die am Ende der 1950er Jahre der Neo-Dadaismus zog, als er (den in jenen Jahren vorherrschenden abstrakten Expressionismus ablehnend) proklamierte, neue Ausdrucksformen finden zu wollen, welche die Kunst der alltäglichen Lebensrealität zu nähern vermögen. Man kann dem auch die frühen Tendenzen der amerikanischen Pop Art dazuzählen, die sich primär mit Gegenständen und Waren der modernen Konsumgesellschaft befasste, wie auch die erklärten Ziele des französischen Nouveau Réalisme, Kunst und Leben miteinander zu verschmelzen, die sich in der Absicht ausdrückten, durch Integration von Alltagsmaterialien in Kunstwerken einen »soziologischen Kontext« herzustellen. Eine besondere Manifestation der Bestrebung, die Kunst dem Leben anzunähern, lässt sich auch in den Realitätsinszenierungen verschiedener Action-Art-Aufführungen sehen, und natürlich auch in der »Sozialen Plastik« von Joseph Beuys, der seinen Willen verschiedentlich artikulierte, einen »erweiterten Kunstbegriff« zu etablieren.

Was, wie gesagt, beim Dadaismus und seinen späteren Ablegern hervorsticht, ist sein Ansinnen, die Diskrepanz zwischen Kunst und Lebensrealität zu überwinden, mithin Kunst und Leben auf eine (theoretische) Ebene zu stellen. Das Ideal, das Leben Kunst werden zu lassen, ist freilich dem modernen Denken auch vor dem Dadaismus nicht fremd gewesen; man hat sogar von der utopischen Verüberflüssigung der Kunst in einer vollends befreiten (selbst zur Kunstrealität avancierten) Gesellschaft geredet. Aber so war die historische Realität des 20. Jahrhunderts nicht geartet, und ganz gewiss nicht jene, in welcher (und gegen welche) der empörte Aufschrei des Dadaismus erscholl. Der ursprüngliche Dada, der sich als anklagender Kämpfer gegen eine Welt sah, welche die Schrecknisse des Ersten Weltkriegs hervorgebracht hatte, geriet – nolens volens, wie zu vermuten steht – in ein objektives Dilemma, dem er sich nicht zu entwinden vermochte: Er konnte die Diskrepanz gegenüber dem Bestehenden durch die Insistenz auf Erhaltung der Trennungslinie zwischen dem »Als ob« der Kunst und der die Logik dieses »Als ob« leugnenden Realität postulieren; er konnte hingegen auch den Weg einer bewussten Intervention in der Realität wählen – dem Ideal ihrer Veränderung nachstrebend –, indem er die Diskrepanz zwischen der Lebensrealität und der Kunst eliminierte, eine Möglichkeit, die allerdings die Gefahr in sich barg, dass die Kunst von der Realität verschlungen werde und sich ihrem Diktat beugen müsse. Seiner inneren Tendenz gemäß wählte Dada (und mit ihm andere Strömungen der modernen Avantgarde) den zweiten Weg mit entsprechenden politischen Folgen (die hier aber unerörtert bleiben). Tieferer Erörterung bedarf hingegen diese Wende in der Moderne allgemein und in der Kunstmoderne des 20. Jahrhunderts im Besonderen. Erneut sei vorab aber hervorgehoben: Kunst und Leben waren seit jeher miteinander verzahnt und ineinander verschlungen. Denn Kunst ist ja eine sozial-kulturelle Institution und ihr Gegenstand der Mensch in der Welt (auch dort, wo sie sich vermeintlich nur mit »Natur« befasst). Nicht um diese fundamentale Einsicht geht es hier gleichwohl, sondern um das Problem des Verzichts der (modernen) Kunst nicht nur auf ihre Autonomie, sondern potentiell auch auf ihr schieres Bestehen.

Vor der Erörterung dieses Problems sei hier der Entwurf eines Fragments von Max Horkheimer in voller Länge zitiert. Es lässt sich mit ihm die fehlende Dimension im Verhältnis von Kunst und Leben klären – eine Dimension, die, wie sich herausstellt, eher die Realität als die Kunst tangiert: »Das Spiel, das von der Realität radikal getrennt ist, hört auf, Spiel zu sein: es muss in der Realität noch einen Sinn haben. Spiel und Ernst sind keine Gegensätze. Dem Menschen, der nicht fähig ist zu spielen, im Spiel seine Kräfte mit anderen zu messen, dem fehlt etwas. Die Beziehung des Menschen zum Spiel ist wichtiger als das meiste, was die Anthropologie über den Menschen zu sagen weiß. Kunst ist Spiel. Das schließt nicht die äußerste Anstrengung des Künstlers aus. Auch viele Sportarten wie Fußball und Tennis sind mit größten Anstrengungen verbunden. Die Domäne des Spiels ist genau das, was Marx mit dem Reich der Freiheit gemeint hat, ohne dass er es so gewusst hat. Diese Vorstellung hat er von der deutschen idealistischen Philosophie. Was gemeint ist, ist die Entfaltung der Kräfte, nicht um eines Zwecks willen, sondern weil man die Freude daran hat. Die Großen haben das immer gewusst, nur die Engen haben immer einen Zweck gesucht.

Selbst die beatitudo, welche die Christen von Aristoteles übernommen haben, hat mit dieser ›zwecklosen‹ Tätigkeit zu tun. Bei diesen Fragen geht es um eine Erkenntnis im Sinne der Wahrheit. Spiel mit Begriffen, mit Zahlen (ehe sie in den letzten Jahrhunderten praktische Bedeutung erlangt haben), Schreiben aus Freude am Schreiben (Karl Kraus), Spiel mit Farben, mit Musik – alles dies muss mit der Realität einen Zusammenhang haben, sonst ist es auch nicht mehr Spiel. L'art pour l'art ist keine Kunst mehr.«

Zurück nun zu Duchamps »Fountain«. Dem Anschein nach erfüllt das Werk die von Horkheimer erhobene »Forderung«, das Spiel als Kriterium für die Schaffung von Kunst zu nehmen: Es steht außer Frage, dass das Pissoir seines zweckgebundenen Gebrauchswerts enteignet wird und dass dieser Akt der »Enteignung« dem Rezipienten eine Art »Spiel mit Begriffen« bietet, denn der Begriff »Pissoir« verändert sich, wenn man das Pissoir als Objekt in verschiedene Kontexte versetzt, ihm gar verschiedene Bedeutungen beimisst, die seine ursprüngliche Funktion verwerfen, ohne dass ein alternativer materieller Kontext geschaffen wird, der dem Bedeutungswandel seine Geltung verschafft. An diesem Punkt erhebt sich allerdings die Frage: Wenn dem so ist, wozu bedarf es der *realen* Ausstellung des Pissoirs in einer Kunstgalerie? Warum bedarf es des *physischen* Pissoirs, um die Idee seiner Bedeutungsvielfalt als materielles Objekt, wenn man es seines ursprünglichen Zwecks entkleidet, zu vermitteln? Man vergesse nicht, diese Fragen werden in Bezug auf ein Objekt gestellt, welches – als ein 1917 in einem künstlerischen Kontext ausgestelltes Pissoir – von 500 Fachleuten als das einflussreichste Kunstwerk der Moderne gewählt wurde. Man kann diesen Fragen mit einer (ausgerechnet) der klassisch-romantischen Tradition entnommenen Antwort begegnen: Die Materialität des Objekts ist notwendig, um seinen Ausstellungswert zu realisieren – d.h., um dem Objekt zu ermöglichen, seine physisch-materiellen Eigenschaften auf unsere Sinne wirken zu lassen, und auch vielleicht uns die Chance zu verschaffen, seine »Aura« zu atmen (eine Antwort, die freilich dem Paradigma der Konzeptkunst im Geiste Marcel Duchamps diametral entgegensteht). Ein ironisches Moment sei vermerkt: Selbst wenn man diese Antwort akzeptierte, wäre es heute schon nicht mehr möglich, das von ihr Suggerierte zu realisieren: Das 1917 ausgestellte originale Pissoir ist unauffindbar verschwunden; übrig geblieben ist von ihm eine Photographie, die in der zweiten Auflage der Zeitschrift »The Blind Man« im selben Jahr veröffentlicht wurde, und einige Repliken von ihm, wie etwa die im Pariser Musée Maillol ausgestellten.

Diese Antwort entstammt, wie gesagt, nicht der Diskurssphäre, die Duchamp im Auge hatte. Sie wäre gewiss auch inakzeptabel gewesen für Vertreter der Konzeptkunst in der Nachfolge Duchamps. Die Frage bleibt unbeantwortet und drängt sich umso mehr auf, wenn man konzeptkünstlerische Praktiken wie die der oben bereits erwähnten Elaine Sturtevant bedenkt. Was bewog die Künstlerin, Originalwerke von Kunstgrößen wie Johns, Warhol oder Rauschenberg so akribisch zu kopieren, dass man Original und Kopie kaum voneinander unterscheiden kann? Als er »Fountain« ausstellte, war Duchamp primär am medialen Event und dem ihm dazugehörigen Skandalon interessiert. Aber warum begnügte er sich nicht mit einem geschriebenen Artikel oder einem aufgezeichneten Interview, in denen er die Botschaft seiner kritischen Einsicht hätte wie folgt übermitteln können: »Ein Pissoir ist kein Pissoir mehr, sobald es in einer Kunstgalerie ausgestellt wird; es verwandelt sich gar zum Kunstobjekt, und zwar nicht nur, weil es an einem Ort ausgestellt wird, an dem man Kunstobjekte zu zeigen pflegt, sondern auch, weil ich, der Künstler – Eigentümer der öffentlich anerkannten Kompetenz in diesem Bereich – bestimme, dass es sich um einen Kunstobjekt handelt«? Das wäre, in wenigen Sätzen, die ganze Lehre, die keiner realen Ausstellung des Pissoirs in einem Museum oder einer Galerie bedarf, um die ihr zugrunde liegende Idee zu vermitteln. Ähnliches lässt sich auch in Bezug auf Elaine Sturtevants Werk fragen: Wozu strengte sie sich an, die Kopien zu verfertigen? Sie hätte sich doch mit dem Diktum begnügen können: »Von Duchamp haben wir gelernt, dass es in der Macht des Künstlers steht, ein nichtkünstlerisches Objekt in ein künstlerisches zu verwandeln. Und weil ich Künstlerin bin, steht es in meiner Macht, das Original von Duchamp in etwas zu verwandeln, das genau wie das Original aussieht und dennoch nicht das Original ist, weil ich, die Künstlerin in der Nachfolge Duchamps, das Original kopiert und bestimmt habe, dass es sich nicht nur um eine Kopie handelt.« Auch hier die Botschaft Sturtevants in wenigen Sätzen. Es bedarf nicht des Betrachtens der von ihr produzierten Objekte, um zu verstehen, was sie sagt (ungeachtet der Frage, ob man das, was sie sagt, annimmt oder nicht). Dieselbe Feststellung trifft auch auf Joseph Kosuths »One and Three Chairs« zu. Auch wer das Werk noch nie gesehen hat, vermag zu verstehen, dass jeder Gegenstand verschiedene Repräsentationen haben kann (seinen Namen, ein photographiertes oder gemaltes Bild von ihm, eine ihm gegebene lexikale Definition, ein Gedicht, das über es geschrieben worden ist, einen diskursiven Vortrag darüber etc.); dass diese Repräsentationen auf unterschiedlichen Ebenen liegen und verschiedenen Bereichen angehören und dass Wahrnehmung und Rezeption dieser Repräsentationen stets kontext- und ortsgebunden sind. Das Konzept ist verständlich auch ohne seine physische Veranschaulichung in Raum und Zeit.

Wenn aber das gemeint ist und die Dinge sich in der Tat so verhalten – wozu dann noch über Konzeptkunst reden statt über Kunst(werk)konzepte? In Thomas Manns Roman »Doktor Faustus« finden sich detaillierte Entwürfe für die Kompositionen des Romanhelden Adrian Leverkühn, Werkgliederungen und Skizzen, die Theodor Adorno auf Anfrage Thomas Manns zwecks Eingliederung in seinen Roman verfertigt hat. Wir begreifen aus diesen Beschreibungen den Aufbau der musikalischen Werke, die notwendigen technischen Mittel zu deren Aufführung, ihren Stil und ihre inhaltliche Ausrichtung etc. Niemand darf behaupten, durch die Lektüre der literarischen Beschreibungen das musikalische Werk selbst erlebt zu haben. Es ist letztlich auch nicht notwendig. Denn es handelt sich um sprachliche Passagen aus einem literarischen Werk, dessen immanente Logik selbst dann literarisch bleibt, wenn es sich mit außerliterarischen Sujets befasst. Es ist bekannt, dass Adorno von Mann rekrutiert wurde, ihm bei der Bewältigung der musikalischen Dimension im Werk der fiktiven Gestalt Leverkühns zur Seite zu stehen. Mann lud Adorno zu diesem Unterfangen ein, nachdem er dessen Buch »Philosophie der neuen Musik« gelesen hatte, und in der Tat basiert nicht wenig von dem, was Adorno für Manns Romanfigur schrieb, auf der im besagten Buch erörterten Philosophie; im Grunde »kleidet« Adorno (und der ihm darin folgende Mann) Adrian Leverkühn mit Arnold Schönbergs Zwölftonsystem ein. Wir sehen also: Es gibt eine Philosophie des musikalischen Werks, es besteht seine literarische Verankerung, es finden sich sogar Anweisungen zur Komposition des Werks, aber es gibt keine Komposition. Daher haben wir auch kein musikalisches Kunstwerk von Leverkühn-Adorno-Mann, sondern ein (sich auf Adornos Musikphilosophie stützendes) literarisches Werk von Mann über das musikalische Wirken Adrian Leverkühns.

Man kann ein Gemälde von Tizian, eine Sinfonie von Mahler, eine Plastik von Moore, einen Roman von Dickens, ein Schauspiel von Ibsen, einen Film von Fellini oder ein Ballett von Strawinsky sich schlechterdings nicht anhand von Beschreibungen dieser Werke kulturell aneignen. Es gibt daher keinen Grund anzunehmen, dass das im Kunstwerk erörterte Konzeptuelle an sich schon einen künstlerischen Akt darstellt; es befasst sich lediglich mit Konzepten *über* Kunst, wobei es erklärtermaßen künstlerisches Schaffen vernachlässigt, das auf Materialanordnung, Verwendung von Ausdrucksmitteln, stilistische Konstruktion und Anregung der Sinne als Grundlage eines ästhetischen-emotionalen-geistigen Erlebnisses basiert. Diesen Einwand dürften Konzeptkünstler mit dem Hinweis konterkarieren, dass er ungenau sei: Wollen sie doch Fragen stellen, die das politisch-sozial-kulturelle Feld der künstlerischen Praxis tangieren, und durch physisch-materielle künstlerische Veranschaulichung die Mechanismen hinter dem Produktionsprozess von Kunst, deren Institutionalisierung, Kanonisierung, Rezeption und Vereinnahmung aufdecken. Nun, dies ist in der Tat die proklamierte Intention, aber dennoch geht aus der von den Konzeptkünstlern real betriebenen Praxis nicht hervor, wozu sie für die Realisierung ihrer Intention der Kunst bedürfen – die reflexive außerkünstlerische Erörterung kann dies besser leisten, diskursive Theorien und philosophisches Denken sind dafür ungleich besser ausgestattet; dies umso mehr, als die Konzeptkunst, wie gesagt, bestrebt ist, sich dezidiert und konsequent dessen zu entledigen, was für die Kunst trotz aller radikalen Veränderungen vor allem im 20. Jahrhundert stets wesentlich war und geblieben ist: die Ästhetik.

Angesichts dieser Feststellung erhebt sich eine weitere entscheidende Frage, bei der gleichwohl nicht ausgemacht ist, dass wir eine befriedigende Antwort auf sie haben; sie bleibt womöglich als polemisch-provokante Frage in der Luft schweben: Warum ist eigentlich die Kunst bestrebt, sich selbst zu eliminieren? Genauer: Was treibt einige ihrer Protagonisten (etwa Vertreter der Konzeptkunst) an, ihr ein Ende zu setzen? Diese Frage stellt sich nicht zuletzt angesichts des merkwürdigen Phänomens, dass in der Kunstsphäre, anders als in anderen Bereichen der Kultur und auf anderen Ebenen des sozialen Lebens, die Botschaft vom »Tod der Kunst« des Öfteren die Runde macht, oder zumindest die Verkündigung des »Todes« gewisser Kunstbereiche (»Tod der Malerei«) oder Kunstgattungen (»Tod der Oper«) – dies nicht nur als Ansage über eine vermeintlich objektive Entwicklung im Kulturfeld, sondern regelrecht als Manifest, als bewusste, emphatische und selbstgefällige Absichtserklärung. Wie weiter oben dargelegt, lassen sich Erklärungen dafür im modernen Diskursfeld über Kunst in allgemeinen und im Anspruch auf eine vom Progress angetriebene Kunstpraxis im Besonderen finden: Die dem Postulat der permanenten Formüberbietung zugrunde liegende Logik, welche ihre Geltung aus der progressiven Historiosophie des modernen Zeitalters bezieht, mag in der Tat, konsequent zugespitzt, zur radikalen Formaufhebung, mithin zur Forderung ihrer totalen Aufhebung führen. Die Annahme einer solchen Tendenz liegt nahe, wenn man berücksichtigt, dass das Denken der Moderne von Anbeginn prononcierte transgressive Elemente in sich barg, die dem Schicksal der Verdinglichung und Fetischisierung des Kunstwerks, mithin der heteronomen Vereinnahmung seiner Authentizität zu entfliehen trachteten, Elemente, die das »ganz Andere« als Gegenentwurf zum repressiv Bestehenden hervorbrachten und es gar in den Stand der regulativen Idee erhoben, von der nicht loszulassen ist, solange die Wellen der Sehnsucht nach dem »Anderen« an den Felsen der feindlichen Realität branden. In diesem Zusammenhang nun erhellt sich die gravierende Bedeutung von Horkheimers Einsicht, der zufolge »das Spiel, das von der Realität radikal getrennt ist, [auf]hört, Spiel zu sein«, und das Spiel »in der Realität noch einen Sinn haben« muss. Insofern die Kunst Spiel ist, ist sie es für ihn, weil sie es schafft, Spiel *in* der Realität zu sein, nicht *statt* der Realität, als ihre Antithese und nicht als etwas, das sich vor ihr willentlich (und auch noch freudig) selbst eliminiert. Nicht von ungefähr verglich Horkheimer die Domäne des Spiels mit dem, was Marx als Reich der Freiheit apostrophiert hatte. Auch Marx war der Überzeugung, dass der Übergang vom Reich der Notwendigkeit ins Reich der Freiheit das dialektische Ergebnis des Wirkens der Freiheit (bzw. des Freiheitsstrebens) *innerhalb* der zwangsgeprägten entfremdeten Realität sein muss; es handelt sich letztlich um einen radikalen, die Quantität in eine neue Qualität transformierenden Wandel, der sich innerhalb der repressiven Realität vollzogen hat und nicht in die Realität aus einem ominösen »Außen« importiert wurde.

So besehen, ist die »Todes«-Ankündigung der Kunst ganz und gar unzeitgemäß. Sie verrät zudem den der Kunst zugeschriebenen emanzipatorischen Horizont – von der »promesse du bonheur« im 18. Jahrhundert bis hin zu jenem »ganz Andern«, das gerade wegen seiner Absage an den bestimmend-fixierenden Begriff, gerade wegen seines ephemeren Charakters *in* der Realität das bewahrt, was dem Repressiven der Realität widersteht. Wenn Kunst sich mit ihrer Selbstreflexion als kulturelle Praxis begnügt, wobei sie sich als Produzentin von spezifischen Ausdrucksmitteln selbst aufgibt und sich aneignet, was ihr (konzeptuell) das eigene Grab schaufelt, dann ist sie jenem Tausendfüßler vergleichbar, der sein Gehvermögen verloren hat, weil er zu klären versuchte, wie er sich mit so vielen Füßen zu bewegen vermag. Unbekannt, was das weitere Schicksal jenes neugierig forschenden Geschöpfs war, aber in der Kunst erwies sich dieses Klärungsbedürfnis als suizidal.

Es gibt gleichwohl eine andere Möglichkeit, einen Weg, der nicht danach trachtet, den kompositorischen Kunstakt im Namen einer die ästhetische Materialgestaltung untergrabenden Konzepthegemonie zu eliminieren. Dabei soll die konzeptuelle Dimension mitnichten vernachlässigt werden, sondern ganz im Gegenteil durch die künstlerische Gestaltung noch vertieft werden. Als vorbildliches Beispiel dafür darf die »Verhüllung des Reichstags« des Künstlerpaars Christo und Jeanne-Claude gelten. 1971 hegten sie die *Idee*, das Reichstagsgebäude in Berlin – ein historisch wie politisch befrachtetes Bauwerk, das als Ruine im Ostteil der infolge des Zweiten Weltkriegs geteilten Stadt stand – zu verhüllen. Da die Verwirklichung der Idee damals aus politischen Gründen nicht möglich war, begann das Künstlerehepaar die Idee *planend* umzusetzen: Es entstanden Tausende von Skizzen, Zeichnungen, Gemälde des Gebäudes im enthüllten und verdeckten Zustand, Modelle von ihm in diversen Größen und irgendwann (als die nötige Technologie dafür zur Verfügung stand) auch Computersimulationen des Verhüllungsaktes. Nach dem Mauerfall und der Vereinigung beider deutscher Staaten bekam die Bestrebung, die Idee zu verwirklichen, neuen Aufwind. Die Künstler wollten ihren Plan umsetzen, bevor das Bauwerk, welches künftig das Parlament der Berliner Republik beherbergen sollte, restauriert würde – kein einfaches Unterfangen, es bedurfte großer Überredungskunst, um dessen Annahme zu erzielen. Mit Hilfe der damaligen Präsidentin des Bundestags, Rita Süssmuth, wandte sich das Künstlerpaar an alle Bundestagsmitglieder mit der Bitte, das Projekt zu genehmigen. Nach langen, teils polemischen und emotionalen Debatten wurde der Beschluss gefasst, und das Verhüllungswerk begann im Juni 1995. Über 100000 m^2 feuerfesten, synthetischen, mit Aluminium beschichteten Stoffs und etwa 15600 m von Stricken zur Anbindung und Befestigung des Verhüllungsmaterials wurden hierfür hergestellt. Die riesigen Stoffflächen wurden in einer speziellen Fabrik zusammengenäht. Die dann folgende Verhüllungsaktion, an der professionelle Wandkletterer und viele Helfer partizipierten, dauerte eine Woche. Zwei Wochen nach Beendigung der Aktion wurde der Stoff vom Gebäude abgenommen. Während der drei Wochen der Verhüllung und Enthüllung des Gebäudes als Kunstakt sahen es etwa 5 Millionen Besucher aus aller Welt vor Ort.

Mit der Verhüllung des Reichstags sollte die öffentliche Aufmerksamkeit auf die während des Kalten Krieges zwischen Ost und West herrschenden Beziehungen lenken. Diese Idee verlor indes ihre Relevanz, als sich die Verwirklichung des Projekts nach dem Zusammenbruch des Sowjetkommunismus und der Vereinigung beider deutscher Staaten endlich ermöglichte. Man konnte sich gleichwohl mit der Erörterung der begrifflich-philosophischen Aspekte des Verhüllungsakts als einer Dialektik der Vergegenwärtigung durch Verdeckung, der plastischen Präsentation (des Gegenstands) durch Verstecken etc. befassen – konzeptuelle Elemente, von denen das gesamte künstlerische Werk Christos durchwirkt ist. Dies soll hier aber unerörtert bleiben. Stattdessen darf gefragt werden: Wie steht es um die diversen Stationen der »Verhüllung des Reichstags« vom Moment ihrer ideellen Imagination bis zum Abschluss nach ihrer Verwirklichung? Ist der Status der begrifflich-abstrakten Idee dem der nachfolgenden Skizzen, Zeichnungen, Gemälden, Modelle und Computersimulationen gleichzusetzen; und der Status all dieser dem des realen Verhüllungsaktes bis zur Abnahme des Stoffes vom Gebäude vergleichbar; und der Status des realen Verhüllungsaktes wie der seiner Live-Übertragungen im Fernsehen zu bewerten; und der Status der TV-Sendungen mit dem des danach entstandenen großen Dokumentationsbuches und Videofilms über das grandiose Kunstprojekt zu vergleichen? Kann jemand allen Ernstes behaupten, dass die *Idee* der Reichstagsverhüllung dem *realen* Verhüllungsakt des Gebäudes – mit all seinen konzeptuellen Aspekten und den ästhetischen Bildern, die ihnen folgten, mit all den Debatten über das Kunstwerk und dem auratischen Erlebnis angesichts des Schöpfungsaktes, mit dem Gefühl der

Begeisterung sowie der intellektuellen Kontemplation, die das Projekt insgesamt während seiner materiellen Verwirklichung bewirkte – ebenbürtig sei? Kaum. Wer aber denkt, dass man die »Verhüllung des Reichstags« als abstrakte, ihrer möglichen Verwirklichung im Wesen widerstrebenden Idee hätte belassen können, muss in Kauf nehmen, dass diese Idee vermutlich sehr bald erstickt und als totgeborene Kunst übrig geblieben wäre.

Kunst und das Politische

Eine radikal konsequente Auffassung der Kunstautonomie führt zur Einsicht, dass Kunst und das Politische miteinander unvereinbar seien: Wenn das Politische als Kampf um machtgesteuerte Interessen und Kunst als interesseloses Wohlgefallen gedacht werden, sind das Politische und Kunst diametral entgegengesetzt. Aber diese Konsequenz mag sich als ideologisch erweisen, wenn Kunstautonomie idealisiert und das Kunstwerk puristisch außerhalb seines Entstehungs- und Wirkungszusammenhangs gedeutet wird. Die Materialität der Kunst und ihre Produktionspraxis bezeugen ihre gesellschaftliche Einbettung (was nicht zuletzt das Ideologische dessen, was die klassisch-romantische Kunstauffassung als »schönen Schein« apostrophiert hat, ausmacht); zugleich übersteigt Kunst die gesellschaftlichen Bedingungen (was den ihr innewohnenden utopischen Horizont anzeigt). Diese latente Spannung im Doppelcharakter der Kunst verkörpert ihre eigentümliche kognitive Dimension, die das gängige begriffliche Wissen überschreitet, indem sie es zugleich ergänzt: Die Permanenz der Beziehung zwischen dem eingängig-versöhnenden Element der Kunst und ihrem unbegrifflich-enigmatischen Element veranschaulicht, was in ihr zwangsläufig unentschlüsselt bleibt. Indes, der spezifische Charakter jener kognitiven Erfahrung durch Ästhetik indiziert auch ihr spezifisch Politisches. Sowohl in ihren ideologischen Elementen, bei denen sie manipulativ ihren sozialen Ursprung verleugnet, als auch in ihren authentischen Elementen, bei denen sie sich über ihre sozialen Dimensionen transgressiv erhebt (welche sie zugleich auch aufhebt), erweist sich Kunst als wesentlich politisch: Ob sie bewusst das repressiv Bestehende affirmativ bestätigt oder durch ihr schieres Sosein das gesellschaftliche Selbstverständliche infrage stellt, stets erfüllt Kunst eine (zumindest latente) Funktion im Verhältnis zum Bestehenden. Die kontemplative Dekodierung dieser Funktion (oder ihre erlebnishafte Erfahrung) bedeutet eine Begegnung mit Kunst als möglichem »Umweg« politischer Erkenntnis.

Wie in einem gesonderten Kapitel erörtert werden soll, lässt sich das Verhältnis von autonomer Kunst und kommerzieller Massenkultur als eine polare Beziehung zwischen zwei miteinander unversöhnbaren Systemen darstellen. Dieser dichotome Zugang lässt auch Fragen hinsichtlich der zwischen Kunst und dem Politischen herrschenden Beziehung aufkommen. Denn wenn die autonome Dimension der Kunst ihrer massiven Kommerzialisierung entgegensteht und die Autonomie der Kunst sich, wie dargelegt, im Verhältnis zu ihrem gesellschaftlich Heteronomen bestimmt, darf man vermuten, dass die entschiedene Trennung beider Pole voneinander einem idealtypischen (methodologisch-analytisch ausgerichteten) Zweck gehorcht, aber kein Ideal anzeigt, dessen Verwirklichung in der bestehenden Kulturpraxis sich ohnehin nicht realisieren ließe. Man kann sich mit dieser Einsicht begnügen, aber es wäre dies lediglich ein Kompromiss, der die emanzipatorische Dimension von Kunst versäumt. Das Spannungsverhältnis zwischen dem Politischen und den ihm anverwandten künstlerischen Zusammenhängen sei hier erörtert.

Die Kunst mag sich bewusst für politisch erklären. Dass sie dabei von vornherein auf ihre Autonomie verzichtet, akzeptiert sie als selbstverständlich, denn sie erkennt (in diesem Fall) den Vorrang des Politischen an, mithin auch die Auffassung der Kunst als funktionales Mittel zur Verwirklichung heteronomer Zwecke, vor allem die der Instrumentalisierung des Ästhetischen zur Etablierung und Institutionalisierung erwünschter Herrschafts- und Machtverhältnisse. Die sogenannte »Engagierte Kunst« bemisst sich nicht an einem kunstimmanenten Maßstab, sondern am von vornherein anvisierten Effekt, dessen Geltung sich außerhalb der Kunst befindet. Die Kunst verwandelt sich in diesem Kontext zur handfesten Ideologie. Dass sich totalitäre Staaten und Diktaturen mit Vorliebe dieser Kunst bedienen, ist nur zu konsequent, denn sie werden so zu Subjekten der Beherrschung dessen, was sich ihnen ohnehin unterwerfen möchte. Die Affinität zwischen dem tumben »Sozialistischen Realismus« und der Propagandakunst der Nazis kommt nicht nur von der gleichen Funktion, die diese Kunstpraxen in ihren jeweiligen politischen Kontexten freiwillig erfüllt haben, sondern auch von der Ähnlichkeit der von ihnen entwickelten Ausdrucks- und Stilmittel. Die Frage, ob das Ästhetische seine immanente Logik nicht trotz dieser heteronomen Situation bewahrt, ist irrelevant: Selbst wenn das Ästhetische in diesem Zusammenhang hier oder dort als das »ganz Andere« aufscheinen sollte, wird sich der Zweck, der es funktional verwendet, seiner bemächtigen und besagtes Moment des Aufscheinens selbst zur Ideologie verkommen lassen. Erwähnt sei freilich, dass auch gute Kunst sich nicht zwangsläufig diesem Schicksal entwindet; sie besteht zwar auf Verweigerung staatlich-ideologischer Instrumentalisierungen, aber auch sie ist der stets lauernden Bedrohung der Instrumentalisierung ausgesetzt, wenn sie sich selbst als wesentlich engagiert versteht. Ein außerkünstlerischer Zweck von Kunst birgt in sich stets ein Element potentiellen Verrats an ihr.

Anders verhält es sich mit Kunst, die das Politische zu ihrem Gegenstand erhoben hat, sich aber jeglicher Verpflichtung gegenüber Herrschafts- und Machtinstitutionen enthält, obgleich sich das Heteronome durchaus auch in sie einschleichen mag. Von den politischen Tragödien der Antike über Shakespeares Königs- und Kaiserdramen und Schillers Sturm-und-Drang-Stücken bis hin zu Brechts Theater – das Politische in dieser ehrwürdigen Tradition politischer Kunst manifestierte sich nicht nur in der Behandlung des Politischen, sondern auch in der Bestrebung, kraft der Kunst politisches Bewusstsein zu bilden, darüber künstlerisch aufzuklären, worum es in der äußeren Wirklichkeit zu kämpfen gilt, und suggestive künstlerische Anleitungen zum angemessenen moralischen Handeln anzubieten. Eine solche politische Kunst unterscheidet sich von der »engagierten« in ihrer Insistenz auf Kunstautonomie, d.h., in der Bewahrung ihrer immanenten (gegen die Wirkung des äußeren Effekts weitmöglichst immunisierten) Logik, welche auf der Anordnung und Gestaltung des Materials basiert, auf der Erfindung immer neuer Ausdrucksmittel und auf der wechselseitigen Stimmigkeit aller Bestandteile des Kunstwerks auf verschiedenen Ebenen. Diese Kunst verbietet sich die Einwirkung des äußeren Zwecks auf die inneren Kompositionsmodi des Werks; der Zweck soll sich vielmehr aus der immanenten kompositorischen Notwendigkeit des Werks ergeben und darin erweisen. Was im Prozess der Werkperzeption und -rezeption bewusst wird, beeinflusst zwar die außerkünstlerische Sphäre, aber die ihm eigenen Erkenntnisweisen sind im großen Ganzen in der künstlerisch-ästhetischen Wahrnehmung verankert. Das Politische fungiert in diesem Kontext nicht als Heteronomes der Kunst, sondern als ihr integraler Bestandteil. Nach dieser Auffassung bewahrt die Kunst ihren Vorrang, und sei's in der Bewahrung ihrer unbestechlichen Form.

Als radikalsten Begriff des zwischen Kunst und dem Politischen herrschenden Fundamentalverhältnisses darf man wohl jenen sehen, der das schiere Sein der Kunst und die ästhetische Erfahrung als das schlechthin Politische begreift. Denn darin, dass Kunst materiell und thematisch der Gesellschaft entstammt, zugleich aber auch von ihr abweicht, indem sie sich eine »eigene Welt« schafft – eine Welt, die das real Bestehende in sich birgt, aber sich auch über seinen faktischen Zwang erhebt –, verweist Kunst mutatis mutandis auf den »Vorschein« des »Nichtidentischen«, das sich dem Zwang des Bestehenden entwindet und somit die (historische) Möglichkeit eines anderen menschlichen Seins heraufbeschwört. Die Kunstautonomie, die sich der Kapitulation vor dem objektiv Bestehenden verweigert, indiziert hier – aus eigener Immanenz – ihren politischen Charakter als Protest gegen die repressive Wirklichkeit, welcher sich nicht als bewusster Willensakt, sondern als Erzeugnis der inneren Natur der Kunst manifestiert. Bei Adorno begreift sich diese Kunstimmanenz als Bedingung ihres Erfolgs: Das lyrische Gedicht, sagt er (und dies lässt sich auf die Kunst insgesamt beziehen), »wird umso vollkommener sein, je weniger das Gebilde das Verhältnis von Ich und Gesellschaft thematisch macht, je unwillkürlicher es vielmehr im Gebilde von sich aus sich kristallisiert«. Nicht also die deklarierte Reflexion über das Thema, sondern die mit innerer Notwendigkeit vollzogene Anordnung seines Materials macht die Kunst des Gedichtes aus.

Aus dieser Auffassung leitet sich eine allgemeinere Frage über das Verhältnis zwischen dem Ethischen und Ästhetischen ab – gemeint ist hier das Ethische als Politisches und das Ästhetische als Verweigerung einer prästabilisierten Verpflichtung im Politischen, eine Weigerung, die keinen anderen Gehorsam akzeptiert als den dem Ästhetischen (der Kunst) gegenüber, auch dort, wo dieses mit dem Ethischen (dem Politischen) unvereinbar ist. So stellt etwa Walter Benjamin das Postulat, demzufolge die Kunst um jeden Preis zu bestehen habe, auch um den Preis des Untergangs der Welt (fiat ars – pereat mundus), in der Schlusspassage seiner Schrift »Das Kunstwerk im Zeitalter seiner technischen Reproduzierbarkeit« als prononciertes Diktum des Faschismus dar. Der Faschismus – so lässt sich das den Deklarationen des italienischen Futuristen Marinetti entnehmen – erwartet, dass der Krieg die künstlerische Befriedigung der sinnlichen Wahrnehmung ermöglichen werde, die sich infolge der technischen Veränderungen im modernen Zeitalter gewandelt habe. Das sei, Benjamin zufolge, die ultimative Verwirklichung der Idee von l'art pour l'art: Die Selbstentfremdung der Menschheit hat einen solchen Grad erreicht, dass sie ihre eigene Vernichtung als höchste ästhetische Lust zu erleben vermag. So verhält es sich auch mit der Ästhetisierung des Politischen, wie sie der Faschismus betreibe. Ihm gegenüber, behauptete Benjamin emphatisch, rede der Kommunismus gerade der Politisierung des Ästhetischen das Wort.

Es sei dahingestellt, ob sich der Kommunismus im Hinblick auf die Ästhetisierung des Politischen weniger versündigt hat als der Faschismus. Auch ist es nicht ausgemacht, dass die Politisierung der Kunst, der sich der Kommunismus in der Tat verschrieben hat, das umfassende Lob verdiente, das Benjamin ihr erteilte; in beiden Lagern erwies sich letztlich das (politische) Engagement der Kunst als tödliche Bedrohung ihrer Autonomie und damit ihrer kognitiven Einzigartigkeit, welche sich gerade in ihrer konsequenten Abwehr fremdbestimmter Einflüsse zu erkennen gibt. Zugleich hob Benjamin ein Grundproblem hervor, das es hier erneut zu erörtern gilt: Die *zweckgerichtete* Radikalisierung der Kunstautonomie mag in gewissen historischen und sozialen Zusammenhängen die Kunst, mithin das ästhetische Erlebnis, zum objektiven Zustand der Unmoralität (oder zumindest der Amoralität) regredieren lassen. Es sei in diesem Zusammenhang an eine vergessene Episode aus der Geschichte der surrealistischen Bewegung erinnert.

In seinem Buch »Zweihundert Jahre phantastische Malerei« hat der Kunsthistoriker Wieland Schmied folgende bemerkenswerte Feststellung hinsichtlich der Beziehung Salvador Dalís zur historischen Surrealismus-Bewegung getroffen: »Die historische Rolle, die Dalí in der Gruppe der Surrealisten gespielt hat, besteht darin, dass er sie als einziger wirklich beim Wort genommen – und ad absurdum geführt hat.« Dalí habe ihr Glaubensbekenntnis, die berühmte Definition des Surrealismus im »Ersten Surrealistischen Manifest«, auf die Probe gestellt. Im (1924 entstandenen) Manifest hatte André Breton geschrieben, der Surrealismus sei »Denk-Diktat ohne jede Vernunft-Kontrolle und außerhalb aller ästhetischen oder ethischen Fragestellungen«, und diese nun sei die Formulierung gewesen, auf die sich Dalí berufen habe, »als er den Surrealisten schon anfangs (aber zu Unrecht) als Koprophage suspekt war – er hatte in sein Bild ›Le jeu lugubre‹ (1929) sehr deutlich und genussvoll Kot hingemalt –, vor allem aber, wenn er Figuren seiner Bilder als ›Hitlerische Amme‹ zu deuten begann und man, wenn auch in noch so grotesken Verschlüsselungen, seine absurde Hommage an Hitler nicht mehr übersehen konnte.«

Als es dann zu einer internen »Prozessverhandlung« kam, berief sich Dalí auf »die bewusst ausgeschlossene Kontrolle durch Prinzipien der Moral, auf die *écriture automatique*, auf das Diktat der Träume« – er habe ja diese Figuren wirklich gesehen, sie seien ihm im Traum, in Halluzinationen erschienen, und so sei es nicht zu verwundern, wenn sie ihren Platz auf der Leinwand fänden. Marcel Jean, einem Zeugen der Verhandlung, zufolge, soll Dalí behauptet haben: »Ich übertrage meine Träume, und ich habe deshalb nicht das geringste Recht, eine bewusste Kontrolle über ihren Gehalt auszuüben. Ist es mein Fehler, wenn ich von Hitler oder dem ›Angelus‹ von Millet träume?« Zu Recht meint Schmied: »Seine Erklärung war korrektester Surrealismus.« Gleichwohl hätten die Surrealisten diese Erklärung nicht gelten lassen; sie verwarfen Dalís Verteidigung: »Mit Hitler, mit dem Faschismus wollten sie unter gar keinen Umständen auch nur das Geringste zu tun haben.« Dalí wurde also ausgeschlossen. Auf die Verurteilung habe er freilich gelassen reagiert: Der Unterschied zwischen den Surrealisten und ihm sei der, dass er Surrealist sei.

Fiat ars – pereat mundus. Dali hatte in der Tat recht, wenn man die Kunst konsequent über die Zwänge der Realität stellt. Recht hatten gleichwohl auch seine Kollegen in der surrealistischen Bewegung, insofern sie im »Weltuntergang« (und der Faschismus erschienen ihnen in dieser Hinsicht bedrohlich genug) einen ausreichenden Grund sahen, ihre ideellen Prinzipien, und sei es zeitweilig, aufzugeben. Es hat keinen Sinn, über das Verhältnis von »Kunst« und »Welt« nachzudenken, wenn die existentiellen Bedingungen fürs Nachdenken nicht gesichert sind. Doch so einfach liegen die Dinge aber nicht. Denn wenn man die Kunst tatsächlich als einen Gegenentwurf zur repressiven Realität, mithin zu der auf einer zweckgerichteten instrumentellen Vernunft fußenden »realen« Sozialordnung begreift, dann ist die Kapitulation vor jener Ordnung mit der Begründung des Realistisch-Seins letztlich eine Ideologisierung eben dieser repressiven Realität. Die Kunst ist bestrebt, eine solche Kapitulation zu unterwandern; der Verzicht auf die Kunst ist demnach die Aufgabe der dem Streben nach der menschlichen Emanzipation zugrunde liegenden regulativen Idee. Aber dieses Argumentationsgebilde kollabiert, sobald sich die »Realität« als realer Rückfall in die Barbarei entpuppt. Darauf basierte Adornos berühmte Behauptung, dass das Schreiben eines Gedichts nach Auschwitz barbarisch sei. Gemeint war, dass nach dem »Zivilisationsbruch« es keine Möglichkeit mehr gebe, den von der Kultur begangenen historischen Verrat zu leugnen. Adorno hat zwar seine schmerzvolle Behauptung (teilweise) widerrufen, aber trotz seines anhaltenden Insistierens auf den Begriff der Kunstautonomie hob er immer wieder hervor, dass die »Realität« stets die Kunst zu infiltrieren und ihre subversiven Elemente durch Aneignung zu neutralisieren droht. Es lässt sich also festhalten, dass nur unter Sicherung der Minimalbedingungen für die Existenz man in Kategorien eines das Repressive der Existenz negierenden Gegenentwurfs denken kann. Aber wenn diese Minimalbedingungen gesichert sind, gibt es dennoch keine Garantie, dass die repressiven Elemente der Realität sich nicht der negierenden Faktoren, die sie zu unterwandern trachten, bemächtigen werden. So besehen, erscheint das Überleben der Kunstautonomie in diesem Zusammenhang als ein ethisches Moment *innerhalb* der repressiven Realität. D.h., trotz ihres autonomen Stands gegenüber der instrumentellen Ausrichtung auf die Realität, erfüllt die Kunst eine sich im schieren ästhetischen Sein manifestierende »ethische« Funktion.

Dies lässt erneut die Frage aufkommen, ob unter nicht extremen Bedingungen (Bedingungen, die keinen Ausnahmezustand wie Auschwitz darstellen) Kunst amoralisch werden kann; oder praktisch formuliert: Können/dürfen ästhetische Erwägungen auf Kosten ethischer Erwägungen gehen? Eine solche Erörterung erfordert die präliminäre Klärung der Frage »Was ist ein gesellschaftliches Problem?«. Diese Klärung würde den hier gegebenen Rahmen sprengen. Aber es lohnt sich, kurz einen Kulturbereich zu betrachten, in dem Ästhetik und der funktionale Gebrauchswert wesentlich miteinander verschmelzen: die Architektur. Folgendes schrieb die Philosophin Seyla Benhabib im Jahre 1986: »In der gegenwärtigen Debatte über das Wesen und die Bedeutung der Postmoderne scheint die Architektur eine herausragende Stellung einzunehmen. Es liegt nahe, dieses Phänomen mit Hegel folgendermaßen zu erfassen: Es ist, als habe der Zeitgeist einer sich ihrem Ende nähernden Epoche sein Selbstbewusstsein in den Stahl-, Beton- und Glasmonumenten der modernen Architektur erreicht. Sich in seinen Vergegenständlichungen betrachtend, hat der *Geist* sich nicht ›erkannt‹ und ist so nicht ›zu sich zurückgekehrt‹, sondern hat sich mit Schrecken von seinen Schöpfungen abgewendet.«

Geht man davon aus, dass der Begriff »moderne Architektur« sich primär auf den sogenannten »Internationalen Stil« und auf die Erbschaft des »Bauhauses« bezieht, lässt sich Benhabibs Aussage wie folgt darstellen: Die von der modernen Architektur hervorgerufene Revolution, die den formalen Kampf gegen die ästhetische Überladenheit und allzu reiche Ornamentik der traditionellen (europäischen) Architektur antrat und die funktionalen Aspekte des Wohnens und der Wohnkultur bewusst hervorhob, wich am Ende der modernen Epoche von ihren ursprünglichen Intentionen ab und verkam dermaßen, dass die späteren Auswirkungen dieser Revolution sich als »entfremdet« von den sie anfangs leitenden Ideen erwiesen. Der Postmodernismus, lässt sich dieser Behauptung entnehmen, ist bestrebt, diesem modernistischen Prozess ein Ende zu setzen. In der Tat zeichnet sich der architektonische Stil des Postmodernismus durch eine erneute Legitimation des Ornamentalen aus, durch die Einbettung klassisch-traditioneller Formen in »jetzige« Formelementen durch das bewusste Zitat dieser klassischen Formen und das ironisch-vergnügte Spiel mit ihnen, mithin durch das Einbringen eines nichtfunktionalen Elements in die Sphäre des zweckgerichteten Gebrauchs. Von einer anderen Seite behauptet der Italiener Roberto Pane Ähnliches. Mit Bezug auf Antoni Gaudi stellt er fest: »Das Werk Gaudis hat erneut alle Vorurteile hochgespült, welche die von Funktionalität bestimmten Grenzen belangen – jene strukturellen und praktischen Zwänge, die die Architektur in einer Weise, die keiner anderen figurativen Kunst ähnelt, unabwendbar einzwängen. Es sieht jedenfalls aus, dass die Architekten sich weiterhin mit diesem abgenutzten Thema befassen werden, und zwar aus irgendeiner absurden Bestrebung, ästhetische Regeln zu formulieren, die einzig auf den sich von der ›Baukunst‹ notwendig ableitenden struktur-funktionalen Aspekten basieren.«

Eine Seite des hier erörterten Anliegens formuliert sich also als Problem einer Ästhetik, die »einzig auf den sich von der ›Baukunst‹ notwendig ableitenden struktur-funktionalen Aspekten« basiert. Die andere Seite mag sich als eine architektonische Ästhetik erweisen, die – im Bestreben, die zweckgerichteten Imperative des besagten Struktur-Funktionalismus zu unterwandern – sich so entscheidend von den funktionalen Gebrauchsaspekten des architektonischen Akts gelöst hat, dass sie zum Fetisch gerann. Diese beiden diametral entgegengesetzten Zugänge sind zwar als solche zu bedenken, jedoch nur, um mit umso größerer Emphase für die notwendige Vermengung beider Zugänge zu plädieren: Das Ästhetische muss nicht auf Kosten der Funktionalität gehen, wie denn das Funktionale nicht notwendig zur Abstinenz von ästhetischen Verwendungen führen muss. In der Tat konnte man das Bauhaus nie beschuldigen, die ästhetischen Dimensionen des architektonischen Aktes vernachlässigt zu haben, wie auch der architektonische Postmodernismus sich nie prinzipiell der Beschäftigung mit seinen funktionalen Aspekten enthalten hat. Man kann behaupten, dass das Bauhaus neue ästhetische Normen, die sich mit seinen funktionalistischen Intentionen vereinbaren ließen, gesetzt hat und die postmoderne Architektur eine die modernistischen Konventionen unterwandernde Ästhetisierung der funktionalistischen Normen, die sich von den modernistischen Postulaten des Bauhauses ableiteten, auslöste.

Weder die Architektur des Modernismus noch die des Postmodernismus verweisen also auf eine grundsätzliche

Spannung zwischen Ästhetik und Funktionalität. Als solche lässt sich von ihnen auch nichts über eine mögliche Spannung zwischen *Ethik* und Ästhetik entnehmen. Wenn der Begriff der Ethik sich primär auf reale menschliche Praktiken bezieht, muss eine solche Spannung ihren prononcierten Ausdruck in einer von der Architektur verursachten Schädigung der Menschen im Kontext ihres gesellschaftlichen, wirtschaftlichen oder kulturellen Daseins finden. Eine unmoralische Architektur wäre also eine, welche die Anonymisierung des Individuums und seine Entfremdung verursacht; die notwendige Interaktionen zwischen Menschen deformiert, den alltäglichen Aktionsfluss der Mitglieder einer Gemeinschaft sowie den der Gemeinschaft im urbanen Ganzen stört; eine Architektur also, welche die Menschen zu Anhängseln von »Stahl-, Beton- und Glasmonumenten« verkommen lässt, statt die Architektur als kulturellen Faktor im Dienste der Menschen, die sie errichtet haben und für die sie errichtet worden ist, zu gestalten. Derlei Schädigungen gibt es tatsächlich zuhauf. In gewissem Sinne kann man in ihnen die architektonischen Parallelen zu dem von Max Weber sogenannten »stahlharten Gehäuse« der Bürokratisierung des modernen Lebens sehen. Aber die so verstandene Unmoralität der Architektur ist lediglich Symptom einer der sozialen Ordnung und dem ökonomischen System zugrunde liegenden Logik, welche diese Architektur hervorbringt und in ihr ihre eigenen »Monumente« erblickt; dass der Geist sich schon nicht mehr »erkennt« und »mit Schrecken von seinen Schöpfungen abwendet«, hängt in nicht geringem Maß mit dem falschen Bewusstsein des »Geistes« zusammen im Hinblick auf die sozial-ökonomischen Entstehungszusammenhänge jener Schöpfungen. Der architektonische Horror ist ein Resultat der fortdauernden Degeneration der Humanität eines gesellschaftlichen Systems, das diesen Horror produziert und sich dessen noch, ideologisch verblendet, rühmt.

Und insofern die architektonische *Ästhetik* die Funktion »Potemkinscher Dörfer« in metropolischem Maßstab erfüllt; insofern Pracht und Schönheit einer urbanen Gegend die Armut, den Verfall und den Tod einer anderen verhüllt; insofern die reine und kühle Schönheit des modernen Einkaufszentrums die sich in ihm bewegenden Menschen in perfekte Konsumenten verwandelt – betrügt die architektonische Ästhetik im Hinblick auf den Kontext ihrer Erscheinung. In der Tat, solange die »selbstverständliche« Existenz des Obdachlosen gegenüber dem New Yorker Wolkenkratzer möglich ist, wohnt der Schönheit des Wolkenkratzers ein Moment des Unmoralischen inne. Nicht ausgeschlossen, dass darin der tiefe gesellschaftliche Ursprung des modernen Graffiti zu suchen ist.

Zurück zu Dali und den Surrealisten. Die Tatsache, dass zum Zeitpunkt des oben beschriebenen Zerwürfnisses die Surrealisten sich bereits objektiv von den ursprünglichen Postulaten *André* Bretons entfernt hatten, erregt den Verdacht, dass Dalis Insistenz auf konsequente Einhaltung der Ideale der Bewegung ohnehin schon anachronistisch war. Das muss hervorgehoben werden, um die damals herrschende kulturelle Situation zu begreifen, aber auch, um Folgendes einzuordnen: Was bei jenem Ereignis kollidierte, war einerseits eine rigorose Doktrin, die theoretisch formuliert wurde, ohne die praktischen Konsequenzen, die sich aus ihr ergeben, sogleich mitzubedenken, andererseits aber die Konsequenz aus dem Zögern, die Doktrin angesichts einer Realität, die dem doktrinären Purismus entgegensteht, weiterhin zu verfolgen. Die Idee und deren entäußerte Verwirklichung stehen sich dichotomisch gegenüber – das Problem von Theorie und Praxis erhebt sich vor uns in seiner verstörenden Ambiguität: Hat Dalis schelmisches »Beim-Wort-Nehmen« der surrealistischen Doktrin, sein »Auf-die-Probe-Stellen« des Glaubensbekenntnisses der Bewegung diese tatsächlich »ad absurdum« geführt?

Oder hat etwa die alles überragende Absurdität einer sich in historischer Unmittelbarkeit manifestierenden »Realität« dem Anspruch einer wahrheitsgerechten Durchdringung der Wirklichkeit ein Veto gesetzt? Konkreter: Hat Dalis konsequent eingestandene Affinität zu Hitler – und sei es zur Metapher »Hitler« – das jegliche »Vernunft-Kontrolle« und alle »ästhetischen oder ethischen Fragestellungen« verwerfende »Denk-Diktat« des Surrealismus gründlich widerlegt, das heißt: der Unbrauchbarkeit überführt? Oder sollte man eher meinen, das historisch gewachsene Auftreten Hitlers habe der linearen Vorstellung von einer Befreiung des Menschen im realen Geschichtsprozess – und somit also auch der sich emanzipatorisch verstehenden Ausrichtung der surrealistischen Theorie – gleichsam »objektiven« Einhalt geboten?

Das hier vorgestellte Problem tangiert folgende Frage (die hier unbeantwortet bleibe): Kann oder sollte Praxis als Gültigkeitskriterium einer der Praxis vorangestellten Theorie herangezogen werden? Das heißt: Kann oder sollte Praxis – verstanden als eine sich »objektiv« manifestierende historische Realität einerseits, aber eben auch als bewusst unternommener Versuch der Verwirklichung einer theoretisch projizierten Idee andererseits – zum Maßstab der Stimmigkeits-Bewertung einer der Theorie innewohnenden »ethischen« oder »ästhetischen« Maxime erhoben werden? Mit anderen Worten: Die von Dali »willensmäßig«, im Sinne der strikten Befolgung der surrealistischen Doktrin, aufrecht erhaltene »Willenslosigkeit« gegenüber Erscheinungen und Mechanismen seines eigenen Unbewussten kollidiert unentrinnbar mit der ebenfalls »willensmäßigen«, von den Urhebern der Doktrin also *bewusst* verlangten Beschränkung einer vollen und unbegrenzten Entfaltung eben dieser von ihnen ins Leben gerufenen Doktrin angesichts der neuen historischen Situation. Dieser Akt der nachmals geforderten Einengung enthebt scheinbar die Doktrin ihres Gültigkeitsanspruches, indem er die ursprünglich verheißene bzw. erstrebte Kompromisslosigkeit geradewegs durchbricht: Dali, dieses erst spät hinzugekommene Mitglied der Surrealisten-Bewegung, wird zum Sachwalter ihrer bedeutungsschwersten Maxime und bringt gerade dadurch die Väter der Bewegung in den Zugzwang der Revision. Eine falsche Maxime also? Eine unhaltbare Doktrin?

Nicht notwendig falsch, aber doch unhaltbar. Von großer Bedeutung ist hierbei, dass sich die praxisbezogene Modifikation der Handlungsdoktrin nicht zwangsläufig als implizite Modifikation der ihr eigenen normativ-ethischen Ausrichtung zu begreifen hat. Die theoretische Einsicht in die Beschaffenheit einer Sphäre der Wirklichkeit bringt keine zwangsläufige Akzeptanz des So-Seins dieser Sphäre mit sich – Erkenntnis des Bestehenden wirkt sich mithin nicht notwendig als eine fügsame Hinnahme des objektiv Vorwaltenden aus. Gemeint ist hierbei freilich nicht Realitätsflucht im Sinne psychischer Verschließung, sondern vielmehr die bewusste Verweigerung eines Sich-Abfindens mit der so gearteten Realitätsbeschaffenheit: Erkennung und Anerkennung der Realität bedingen sich eben nicht a priori. Von dieser Warte aus lässt sich die eindeutige Distanzierung der Surrealisten von Dalis Hitler-Affinität mit ihrer Absage an jegliche ethisch oder ästhetisch begründete Konventionsbehaftung durchaus in Einklang bringen – dann nämlich, wenn man ihre kategorische Forderung einer Loslösung von der Vernunft-Kontrolle im Hinblick auf einen sie bestimmenden, quasi-didaktischen Zweck – auf eine wertende Maxime also – deutet: Ist doch das Emanzipationspostulat des Surrealismus als eine »Reaktion« auf historisch Gewordenes, als eine normativ begründete Ablehnung bestehender Gesellschafts- und Kulturverhältnisse erstanden. Selbst dann also, wenn man die *écriture automatique* als bloße Aufzeichnung von im Unbewussten existenten Absonderlichkeiten begreift, erfordert doch die vorgeblich »unkontrolliert« zustandegekommene, für unbeteiligte Dokumentation ausgegebene »Aufzeichnung« eine wie auch immer geartete Stellungnahme des doktrinären Chronisten hinsichtlich des Aufgezeichneten: In den Augen der Surrealisten kann es Dali nicht mit einer »objektiven« Deklaration seiner Affinität zu »Kot« und »Hitler« bewenden lassen – er muss Farbe bekennen, muss diesem Umstand *moralisch* Rechnung tragen.

Dali selbst scheint sich dieses Prinzips bewusst gewesen zu sein: Gab er doch späterhin seine künstlerische Ausrichtung eigens als zwar »paranoische«, letztlich aber doch »kritische Methode« aus. Er sprach – etwas großspurig – von »einer spontanen Methode irrationaler Erkenntnis, die auf der kritisch-interpretierenden Assoziationen von Phänomenen des Deliriums« fuße. Man fragt sich gleichwohl, ob die »Erkenntnis« so ausschließlich »spontan« und »irrational«, ob das Chaos des Assoziierten nicht doch auch komponiert, seine Imaginationen nicht literarisch durchdacht waren? Wie dem auch sei, eines lässt sich mit Sicherheit behaupten: Deutet man die sich der »Vernunft-Kontrolle« versagende künstlerische Produktion als »via regia«, als Mittel also, nicht als Zweck, so entzieht sich das Produkt der automatischen »Aufzeichnung« keineswegs der *nachmaligen* »Bearbeitung« durch Sinn-, Wert- und Formgebung. Das Werk (das Kunstwerk, aber auch das Werk der »Theorie«) fügt sich somit in den historischen Kontext seiner Entstehung ein, wird von diesem hinsichtlich seiner Bedeutungswelt gleichsam vereinnahmt und entscheidend geprägt: Im historischen Zusammenhang lässt sich das Phänomen »Hitler« eben weder konkret-politisch noch von seiner ikonischen Gestaltung her »wertneutral« rezipieren. Die Kontroverse zwischen Dali und den Surrealisten hat, so besehen, beschränkteren Charakter, als es zunächst scheinen mag: Sie bezieht sich vornehmlich auf den Rezeptionsmodus dessen, was von der *ecriture automatique* hervorgebracht worden ist, nicht aber (zumindest theoretisch nicht) auf das Hervorgebrachte selbst und schon gar nicht auf die Zulässigkeit einer so bewerkstelligten Hervorbringung.

Und dennoch muss gefragt werden: Ist es nicht wahr, dass wenn die Kanonen donnern, die Muse schweigt? Auf der trivialen Ebene mag man diese Frage bejahen: Ein real stattfindender Kampf um die Existenz lässt keinen Raum für die Sublimierung des Kampfes. Die Frage erscheint weniger trivial, wenn es nicht darum geht, was die Kunst gegen bereits donnernde Kanonen vermag, sondern um das, was sie versuchen kann, um die Verwirklichung des Kanonendonners zu verhindern, bzw. was sie mit der Darstellung des von den Kanonen verursachten Grauens im Nachhinein leisten kann. Adornos tiefe Verzweiflung angesichts des Versagens der Kultur, das sich in Auschwitz manifestierte, verdichtete sich ihm zum Aufschrei: »Alle Kultur nach Auschwitz, samt der dringlichen Kritik daran, ist Müll. Indem sie sich restaurierte nach dem, was in ihrer Landschaft ohne Widerstand sich zutrug, ist sie gänzlich zu der Ideologie geworden, die sie potentiell war, seitdem sie, in Opposition zur materiellen Existenz, dieser das Licht einzuhauchen sich anmaßte, das die Trennung des Geistes von körperlicher Arbeit ihr vorenthielt.« Was in der Tendenz bereits angelegt war, hat sich im manifest gewordenen »Rückfall in die Barbarei« zum aussichtslos anmutenden Teufelskreis gesteigert: »Wer für Erhaltung der radikal schuldigen und schäbigen Kultur plädiert, macht sich zum Helfershelfer, während, wer der Kultur sich verweigert, unmittelbar die Barbarei befördert, als welche Kultur sich enthüllte. Nicht einmal Schweigen kommt aus dem Zirkel heraus; es rationalisiert einzig die eigene subjektive Unfähigkeit mit dem Stand der objektiven Wahrheit und entwürdigt dadurch diese abermals zur Lüge.«

Es lässt sich freilich in solchem Bewusstsein dauerhaft nicht aushalten. Weder Unbehagen in der Kultur noch Entsetzen über ihr Versagen führen aus der Kultur heraus, wie denn der »Müll«, zu dem Kultur im »Mißlingen« verkommen ist, durch seine rigorose Benennung als solcher mitnichten abgeschafft wird; Adorno hebt dies ausdrücklich hervor. Der (wie immer erbärmliche) »Ausweg« liegt in der Bewusstwerdung eben dieser Aporie, einer ernüchterten Bewusstwerdung, die sich zugleich weigert, vor ihrem Gegenstand zu kapitulieren. Entsprechend speist sie ihre eigene Ambivalenz: Die Bewusstmachung eigenen Versagens, die Vergegenwärtigung einer objektiv in die Welt eingetretenen, subjektiv auf Dauer unverdrängbaren Gebrochenheit ist die einzig möglich gebliebene Kulturleistung »der radikal schuldigen und schäbigen Kultur«, insofern sich zugleich diesem Zustand gegenüber Widerstand regt. Wohl wird dabei »subjektive Unfähigkeit« mit dem Stand der objektiven Wahrheit rationalisiert, gleichwohl mag gerade das die Spalte dafür offenhalten, dass man sich der Entwürdigung der Wahrheit zur Lüge kritisch bewusst werde. Was vermag Kunst dabei? Kann sie das Widerständische aus sich selbst herausholen, wo sie doch, als es welthistorisch darauf ankam, alles, »was in ihrer Landschaft [...] sich zutrug«, ohne Widerstand ertrug? Insofern man diese Frage bejaht – und Adorno bejaht sie letztlich, obschon unter dialektischen Vorbehalten, die sich der stets lauernden Drohung einer »Entkunstung der Kunst« gewärtig ist –, hat man auch ihr Politisches benannt.

Wenn, wie oben behauptet, der Zweck der Kunst sich in ihrer Zweckfreiheit manifestiert, ist ihr Apolitisches im Wesen politisch, und zwar nicht nur, weil die Abstinenz von politischen Handlungen (beabsichtigt oder nicht) stets auch politisch ist, sondern weil das Bewusstsein vom Teufelskreis, in welchem sich die Kultur »nach Auschwitz« (auch Jahrzehnte nach Auschwitz) bewegt, selbst politisch ist: Indem sie sich kritisch-reflektiert hinsichtlich ihrer Ohnmacht gegenüber dem, worin sie eingezwängt ist, verhält, wird sie emphatisch, weil sie, ungeachtet des von ihr bewusst Deklarierten, eine gewisse Widerständigkeit gegenüber dem repressiv Bestehenden zum Ausdruck bringt, eine Weigerung, sich der Realität als allmächtigem ahistorischen (bzw. historisch-ideologisierten) Schicksal hinzugeben. Das will wohlverstanden sein: Es geht hier um eine politische Dimension der Kunst, die sich nicht in der megalomanen Ambition, die Welt durch Kunst zu verändern, zeigt, sondern in der schieren Erscheinung der Kunst im Repressiven des menschlichen Daseins als ein objektiver Gegenentwurf dazu, als Veranschaulichung der Möglichkeit eines anderen menschlichen Daseins, als Kennzeichnung dessen, was aus dem Bestehenden durch dessen Überwindung erstehen kann. Im Gegensatz zur Philosophie oder zu jedem anderen diskursiven Denken über gesellschaftlichen Wandel ist sich die Kunst dieser ihr zugeschriebenen »Rolle« nicht bewusst; nicht selten, wenn sie sich dessen bewusst wird, verkommt sie zur plakativen politischen Proklamation, die ihre künstlerischen Elemente sterilisiert und ihr eigentümlich Politisches verrät, das ganz und gar von ihrem »Autismus« gegenüber der Realität herrührt, vom »Narzißmus«, das sich in ihrer authentischen Abweisung eines jeden Versuchs, ihre Autonomie zu bedrohen, niederschlägt. Die Kunst hat sich diesen Zustand nicht »ausgesucht«; er wurde ihr durch die entfremdete Heteronomie der Zivilisation »bestimmt«, jene, die im modernen Zeitalter ihren »Höhepunkt« erreichte, als sie im Grauen von Auschwitz aufging.

»Hohe« und »niedrige« Kultur

In einer der in den letzten Jahrzehnten zahlreich erschienenen Schriften über Wesen und Ausrichtung des Postmodernismus wurde unter anderen Hauptmerkmalen der postmodernen Kunstauffassung – neben der Aufhebung hergebrachter Grenzen zwischen Kunst und Alltag, der Pflege stilistischer Eklektik und bewusster Vermengung von Kodes – auch »der Zusammenbruch der hierarchischen Unterscheidung zwischen Elite- und Populärkultur« genannt. Geht man davon aus, dass damit die eher bekannte (freilich an sich schon vieldeutige) Unterscheidung zwischen »hoher« und »niedriger« Kultur gemeint sei, mögen die Begriffe »Elite- » und »Populär-« in diesem Zusammenhang einige Verwirrung stiften. Ist doch »Elite als erlesene Gruppe von Menschen mit besonderen Eigenschaften und herausragenden Qualifikationen« – die Auslese der »Besten« und »Tüchtigsten« also – ihrer Definition nach auf die Distinktion einer sozialen Kategorie ausgerichtet. Der Begriff »Elitekultur« lässt es aber im Unklaren, was die besagte Kultur zur besonderen der auserwählten Gruppe mache: eine durch die Elite selbst geschaffene oder nur die in ihrer Sphäre betriebene bzw. von ihr rezipierte Kultur? Ähnlich gibt auch der Begriff »Populärkultur« keinen Aufschluss darüber, ob damit Volkskultur bzw. Folklore , d. h. eine aus den unteren Schichten der bestehenden Sozialordnung hervorgegangene und von diesen praktizierte Kultur gemeint sei; oder ob es etwa um eine Kultur geht, deren Attraktivität (bzw. »Popularität«) so groß ist, dass sie als solche zur Kultur »aller«, zur »Massenkultur« geronnen ist.

Letztgenannte Möglichkeit gewinnt gar an Geltung, wenn man die kategorische Behauptung des amerikanischen Kulturwissenschaftlers Michael Denning zu Beginn der 1990er Jahre ernst nimmt, der zufolge wir »am Ende« der »Massenkultur« angelangt seien: »Die Debatten und Positionen, die ›Massenkultur‹ als ein Anderes bestimmten, sind abgelöst worden. Es gibt ›dort draußen‹ keine Massenkultur; es handelt sich um das eine Element, das wir alle atmen«. Das Paradoxe an dieser Feststellung besteht darin, dass der der Unterscheidung von »hoher« und »niedriger« Kultur beigemessene Anachronismus keineswegs vom möglichen Veralten formaler, inhaltlicher oder struktureller Vergleichskategorien der Werke in den verschiedenen Kultursphären herrührt, sondern von etwas dem Kunstwerk und seinem ästhetischen Status offenbar Heteronomem, etwas, das mit außerkünstlerischen bzw. -ästhetischen Entwicklungen zusammenhängt. So besehen, hat der Umstand, dass »wir alle« die Massenkultur »atmen«, wenig mit einer immanenten Qualität dieser Kultur zu tun, sondern eher mit der Tatsache, dass sie – aus Gründen, die von den Kunstwerken nicht bestimmt werden, diese vielmehr bestimmen – sowohl im Umfang von Produktion und Konsum als auch im Ausmaß ihrer (Aus) wirkung zur eindeutig vorherrschenden Kultur geworden ist. Dies bedarf einiger Erörterung.

Die Qualifikation des Kulturbegriffs mittels Termini wie »hoch« und »niedrig« ist in der Tat sozialen Ursprungs. »Hohe Kultur« meinte, spätestens seit der Herausbildung der höfischen Kultur, eine allein den höheren Schichten der bestehenden Gesellschaftsordnung eigene Kultur, einer Ordnung also, deren Hierarchie auf materiellem Besitz basierte, deren äußerlich wahrnehmbare Repräsentation sich in den Privilegien der Eliten manifestierte und deren ideologische Legitimation sich aus diversen metaphysischen Kategorien – vom »Willen Gottes« über »Schicksal« bis hin zu säkularen Substituten wie »die menschliche Natur« und dergleichen – ableitete. Dass sich diese »hohe« Kultur durch die zunehmende Verfeinerung, mithin auch Vertiefung und Stilisierung ihrer Kunstwerke distinguierte, widerspricht nicht der sozio-politischen Funktion, die sie objektiv erfüllte. Im Gegenteil, gerade die Beherrschung des Vulgären im Sinne der »Trieb- und Affektregulierung« bzw. der Sublimierung von Gefühl und Leidenschaft im Rahmen kollektiver menschlicher Existenz fungierte als Sozialisationsmechanismus der »hohen« Gesellschaft, darauf angelegt, die Tugenden distanzierter Enthaltsamkeit, rationaler Beherrschtheit, wie auch Weit- und Voraussicht zu kultivieren, somit also die Voraussetzungen für politische Herrschaft und soziale Kontrolle zu schaffen, wie von Norbert Elias überzeugend dargelegt. Elias erläuterte auch, wie sich der Begriff der »(hohen) Kultur« selbst seit der zweiten Hälfte des 18. Jahrhunderts zur Parole wandelte, vermittels der sich die deutsche bürgerliche Intelligenz vom deutschen Adel einerseits, andererseits aber auch von der französischen Nation abzuheben bemühte: »Kultur«, verstanden als Betätigungssphäre von Geistes- und Kunstschaffenden, wurde sowohl der weitgehend unproduktiven Oberflächlichkeit der Aristokratie, die nichts »schafft«, daher auch nichts zu »leisten« vermag, als auch dem revolutionären Treiben und geistigen Tun der französischen bürgerlichen Elite, deren politische und wirtschaftliche Leistungen als Produkte einer schalen »civilisation«, den von Ernst und Tiefe beseelten Werken der deutschen »Kulturnation« diametral entgegengesetzt, verachtet wurde, entgegengestellt.

Es sei indes hervorgehoben, dass die Beziehung von kultureller Praxis (hier in ihrer beschränkten Bedeutung als

Produktion und Rezeption von Kunst angeführt) und der sozio-politischen Herrschafts- und Kontrollsphäre wesentlich dialektisch ist: Zwar lässt sich nicht bestreiten, dass kulturelle Praktiken objektiv immer auch als Mechanismen der Herausbildung und Gestaltung politischer Fähigkeiten und herrschaftlicher Verhaltensweisen fungierten; es ist jedoch ebenso klar, dass die Verwirklichung solcher Praktiken nur in der Sphäre sozialer Eliten, d. h. innerhalb jener Klassen, die sich politischer Herrschaft und sozialökonomischer Kontrolle bemächtigt hatten, möglich war. Auch das unter anderem meinten Horkheimer und Adorno mit ihrer berühmt gewordenen Auslegung der Odysseus-Allegorie: Odysseus, der Herr, kann sich zwar dem ästhetischen »Konsum« des Sirenengesangs hingeben, seine »kulturelle« Handlung ist jedoch letztlich durch das unentwegte Weiterrudern seiner Mannen – der »Arbeiter« – im Rumpf des Schiffes bedingt, was wiederum nur dadurch möglich ist, dass die Ohren der Ruderer mit Wachs zugestopft sind; aus der Notwendigkeit, das Schiff fortzubewegen, damit ihre Existenz gesichert sei, ergibt sich also ihr eigenes Unvermögen, die Schönheit des Gesangs wahrzunehmen und zu genießen. Dass Odysseus selber an den Mast gefesselt ist, hat in diesem Zusammenhang gravierende Bedeutung: Nur so kann er dem verführerischen Gesang der Sirenen lauschen, ohne sein eigenes Leben zu gefährden. Die über seine Mannen ausgeübte Herrschaft geht so mit einer zwangsläufig selbst auferlegten Beschränkung einher, genauso wie das Überleben der Mannen in jenem Notzustand unweigerlich von ihrer Bereitschaft abhängt, sich der Autorität ihres Herrn zu unterwerfen und den (ästhetischen) Verführungen, die sie von ihrem Zweckhandeln abbringen könnten, zu verschließen. Herr und Untergebene hängen voneinander ab, wenn sie der gemeinsamen Notlage entkommen wollen. Dass sich besagter »Notzustand« von jeher als das Gestaltungsprinzip sozialer Realität einwurzelte, vermag die zivilisatorische Ideologisierung von Notwendigkeit, Zwang und Herrschaft sowie die inhärente Verzahnung von Kultur und Repression – oder auch: von sozialer »Superiorität« und der Zugänglichkeit »(hoher) Kultur« – zu beleuchten.

Das heißt aber nicht, dass seitdem die Kultur eine Differenzierung erfuhr, ihre »hohen« und »niedrigen« Manifestationen sich mithin endgültig voneinander lösten, nicht weiterhin eine (wenn auch unterschwellige) Wechselbeziehung beider Kultursphären bestehen blieb. Ihre gegenseitige Wirkung ist nie ganz verkümmert. Und dennoch, trotz zahlreicher Absichtserklärungen der Neuzeit und diverser revolutionärer Manifeste der Moderne vermochte diese fortwährende Interaktion – zuweilen selbst Gegenstand künstlerischer Gestaltung und diskursiver Erörterung – die Grenzen der Unterscheidung zwischen beiden Kulturebenen nie ganz zu überwinden: Die Adoption von Elementen »niedriger« Kultur durch die »hohe« war immer »hoch«, wie denn die Aufnahme »hoher« Elemente in die »niedrige« Kultur letztlich immer »niedrig« blieb, und zwar sowohl im Hinblick auf künstlerische Produktions- und Gestaltungsmittel als auch bezüglich des Stils und der komplexen Prozeduren seiner permanenten Entfaltung. Und so wie sich die Stellung der »hohen« Kultur (als solcher) nicht wesentlich änderte, als ihre historischen Träger einander ablösten (z. B. im Übergang von der höfischen Kultur des feudal-aristokratischen Zeitalters zur bürgerlichen Kultur der liberal-kapitalistischen Ära), wurde auch ihre superiore Stellung infolge der anhaltenden Wechselbeziehung mit der »niedrigen« Kultur nie ernsthaft infrage gestellt. Allenfalls änderte sich die soziale Beziehung zum realen Bestehen (mithin zur Daseinsberechtigung) *jedweder* »hoher« Kultur.

Der letzterwähnte Umstand verdankte sich vor allem dem in der Moderne einsetzenden Prozess einer umfassenden Demokratisierung der Produktion von Kultur und ihres Konsums. Die formale politische Emanzipation des Bürgers seit der Französischen Revolution, die zunehmende Etablierung einer republikanischen politischen Kultur sowie die übergreifende, im Ausmaß beeindruckende Expansion der auf kapitalistischer Wirtschaft und industrieller Produktion basierenden bürgerlichen Lebensweise ließen unter anderem auch die entschiedene Forderung nach einer »Kultur-für-alle« laut werden, und zwar nicht nur als universelles »Recht« im Sinne idealistischer Wertvorstellungen der Aufklärung, sondern durchaus als Einforderung eines »kulturellen Kapitals«, verstanden als konstitutiver Faktor der sozialen Identität im Rahmen der sich rasch entfaltenden neuen bürgerlichen Gesellschaft. Nicht von ungefähr erwies sich die Begriffspaarung »Besitz und Bildung« als prononcierte Parole des Bürgertums: War doch das Postulat einer allgemeinen Zugänglichkeit der (»hohen«) Kultur primär ideologischer Natur; es verwandelte sich denn auch schnell genug von der universellen Zielsetzung in einen hohlen Slogan, angelegt, die reale Nichtverwirklichung ebendieser Zielsetzung zu kaschieren; es mutierte so zur Ideologie einer der bestehenden Gesellschaftsordnung immanenten Ungleichheit. Diese Tendenz konnte freilich nicht allzu sehr überraschen: Waren nicht ihre Ansätze schon im Verlauf der Französischen Revolution sichtbar geworden, als die zeitweilige Koalition zwischen dem neuen Bürgertum und den Massen der Sansculotten – entstanden aus der Bestrebung, das Ancien Régime samt der Reste seiner feudalen Strukturen und der in ihm vorherrschenden aristokratischen Hegemonie gewaltsam umzustürzen – einriss, und die sozialen Gegensätze zwischen den aus widersprüchlichen Interessen agierenden Koalitionspartnern voll zum Vorschein kamen?

Das wiederum sollte keineswegs an der entscheidenden Erkenntnis rütteln, dass die Französische Revolution bei allem ein Schlüsselereignis im Prozess der allmählichen Demokratisierung der westlichen Gesellschaft darstellt. Hervorgehoben sei im hier erörterten Zusammenhang, dass dieser Aspekt seine Spuren nicht nur im sozio-politischen Bereich hinterließ, sondern (forciert durch die revolutionäre Weichenstellung in ebendiesem Bereich) auch die Sphäre der Kultur grundlegend prägte. Allein schon das revolutionäre Auftreten der neuen Kollektivsubjekte auf der weltgeschichtlichen Bühne hatte determinierenden Einfluss auf das Geschehen in jener Kultursphäre, die ihnen bis dahin angesichts der sorgsam gehüteten Hierarchie der vorrevolutionären Gesellschaftsordnung und der (durch diese verfestigten) relativen Undurchdringbarkeit ihrer althergebrachten ständischen Schranken verschlossen geblieben war. So bewirkte etwa das Erscheinen des neuen »Publikums« gleichsam eine »Ausdehnung« der konventionellen Rezeption von Kunstmusik durch deren Verfrachtung in die öffentliche Sphäre. Diese Veränderung führte zwangsläufig zur Errichtung einer neuen publiken Aufführungsstätte in Form des bürgerlichen Konzertsaals – eine Tatsache, die erhebliche Veränderungen in der Zusammensetzung und im Umfang des damals gebräuchlichen Sinfonieorchesters erforderte, was wiederum tiefe Auswirkungen auf die Entfaltung traditioneller und die Schaffung neuer Musikformen und -genres zeitigte. Die parallel dazu verlaufende Etablierung des damals zur Hochblüte gelangten bürgerlichen »Salons« widerspricht dieser verbreiteten Tendenz zum Öffentlichen keineswegs; vielmehr muss sie als deren Komplementärdimension begriffen werden: eine erforderliche Modifikation des gewohnten Musters privaten Zusammenkommens der neuen Elite, da nun der Glanz der entmachteten alten am Erlöschen war.

So weist die Demokratisierung der Kultursphäre einen entscheidenden dialektischen Aspekt auf: Zwar eröffnete sie »allen« die Kultur, verlieh deren Zugänglichkeit für die

»Massen« formale Geltung, behauptete gar die Verwirklichung dieser bürgerlichen Ideologie der Gleichheit; und dennoch stand dieses Versprechen formaler Egalität von Anbeginn in krassem Widerspruch zur neuen gesellschaftlichen Praxis, die sie hervorbrachte – einer Praxis, die nicht nur das Versprechen keineswegs zu erfüllen vermochte, sondern auch nicht die Grundvoraussetzungen für den Erwerb der nötigen Mittel zur Aneignung der Kulturleistungen durch »alle« geschaffen hatte. Man mag der vom authentisch-freudigen Aufklärungspathos durchdrungenen Begeisterung eines Schillers und Beethovens durchaus Glauben schenken; gleichwohl war und bleibt deren Vision einer menschheitsumfassenden Brüderlichkeit utopisch in einer Gesellschaft, in der »Die Neunte« *nie* allen zugänglich war – trotz erklärter Absicht ihrer Autoren und trotz (bzw. gerade wegen) der Gleichheitsideologie derer, denen das Werk von Anbeginn zugänglich sein konnte.

»Die Massen« waren aber damals schon ein nicht zu übersehendes historisches Faktum: Noch nicht fähig, ihren Willen als ein bewusst handelndes Kollektivsubjekt klar zu artikulieren, aber doch schon eine potentielle Bedrohung für die sich etablierende bürgerliche Ordnung – ein Faktor also, ohne den man (gemäß der inneren Logik der nachrevolutionären gesellschaftlichen Wirklichkeit) nicht mehr kann, vor dem man sich jedoch (gemäß ebenderselben Logik) auch zu hüten hat. Dieser Umstand stellte die Träger der neuen sozialen Hegemonie vor ein permanentes Dilemma: Wie die hegemoniale Stellung wahren, ohne dabei die gesamtgesellschaftliche »Harmonie« zu gefährden? Dies war das Grundproblem der bürgerlichen Klassengesellschaft des 19. Jahrhunderts schlechthin, ein Problem, dessen »Lösungen« in der lebensweltlichen Praxis immer neue Widersprüche zeitigen mussten. So wie das wirtschaftliche Interesse des Kapitalismus an der Freiheit der »Massen« einherging mit der ideologischen Formalisierung dieser Freiheit zu abstrakten politischen Rechten, verbreitete sich auch die Botschaft einer proklamierten »Kultur-für-alle«-Ideologie unter de facto weiter betriebener Ausschließung der »Massen« von der »hohen« Kultur. Infolgedessen begann sich allmählich eine alternative »Kultur-für-alle« zu entwickeln – eine Kultur, die zwar aus der inneren Logik der neu entstandenen sozialen Ordnung erwuchs, die sich aber auch klar von der »hohen« Kultur dieser Ordnung unterschied – kurzum, es entstand die moderne Massenkultur. Wiederum sei hervorgehoben: Es handelte sich bei dieser Entwicklung nicht um eine bewusst angelegte, konspirativ abgestimmte Manipulation seitens der neuen herrschenden Klasse als vielmehr um die der sozialen Struktur, welche die Dominanz dieser Klasse überhaupt erst hervorgebracht hatte, zugrunde liegende Logik und deren ideologischen Auswirkungen: um das *objektive* Interesse dieser herrschenden Klasse also.

Aber auch in diesem Zusammenhang muss man differenzieren: »Niedrige« Kultur, wie sie hier weiterhin (besonders im Hinblick auf ihre Entwicklung im 20. Jahrhundert) erörtert wird, meint nicht alles, was nicht unter »hohe« Kultur fällt. Zur genaueren analytischen Unterscheidung mögen folgende, von den US-amerikanischen Kulturwissenschaftlern James Naremore und Patrick Brantlinger in den 1990er Jahren aufgelisteten idealtypischen Kategorien herangezogen werden. Die beiden beschreiben zunächst die »hohe Kunst« (High Art) als die ehemals höfische, die sich nach und nach von ihren historischen Trägern löste, um sich dann – spätestens seit der Aufklärung – in ein bürgerliches Phänomen zu verwandeln. Aus ihr verzweigten sich späterhin die »moderne Kunst« (Modernist Art), eine zwar der hohen Kultur entstammende Kategorie, die jedoch einen Teil ihrer Werte, zuweilen auch die gesamte industrielle Gesellschaft, scharf kritisiert; und die »avantgardistische Kunst« (Avant-garde Art), eine der »modernen Kunst« verschwisterte Kategorie, die jedoch die industrielle Gesellschaft, deren Maschinenwelt und das dieser Welt inhärente utopische Potential begeistert begrüßt. Die »Volkskunst« (Folk Art bzw. Folklore) begreifen beide als eine primär vorindustrielle, ihrem Wesen nach bäuerliche und ethnische Kategorie, mithin als einen »Fremdkörper« innerhalb der bürgerlichen urbanen Kunst des modernen Zeitalters, der als solcher von dieser auch eliminiert wird. »Populärkunst« (Popular Art) hingegen wird als ein ausgesprochenes Erzeugnis des modernen kapitalistischen Systems gesehen, eine politisch gefärbte Kategorie, die vorwiegend vom »proletarischen Publikum« konsumiert wird; unter anderem umfasst diese Kategorie die Welt des Sports, des Zirkus, Vergnügungsparks, den frühen Jazz und Rock-n-Roll, die Comics-Kultur sowie eine bestimmte Art von Kino und Theater. Naremore und Brantlinger unterscheiden diese letzte Kategorie von »Massenkunst« (Mass Art), einer (im Gegensatz zu allen vorangehenden Kategorien) ursprünglich ausgesprochen amerikanischen Erscheinung; sie deckt sich mehr oder weniger mit der von Horkheimer und Adorno so benannten »Kulturindustrie«, der Sphäre industrieller Produktion von standardisierten Kitsch-Waren also, die verfertigt werden, »um möglichst viele soziale Klassen bzw. Teile der Klassen anzuziehen«; diese Charakteristik der Kulturindustrie bezog sich seinerzeit vor allem auf Hollywoods Filmindustrie, auf die neu entstandene Radio-Unterhaltungskultur und auf die den Markt überschwemmende Flut billiger Journale im Amerika der Vor- und Nachkriegszeit.

Die Kategorie der Kulturindustrie soll in einem gesonderten Kapitel tiefergehend erörtert werden.

Die von Naremore und Brantlinger vorgenommene Unterscheidung zwischen Populär- und Massenkunst – eine Distinktion, die darauf gerichtet sein mag, der Populärkultur eine Doppelfunktion beizumessen, nämlich die des authentischen Ausdrucks einer realen Klassenwirklichkeit sowie die einer der »hohen« bürgerlichen Kultur entgegengesetzten, alternativen kulturellen Praxis – verliert einiges an Überzeugungskraft, wenn man die vorherrschende industrielle Logik bedenkt, die der Warenfetischisierung des Kunstwerks zugrunde liegt. Sie wirkte sich von Anbeginn an entscheidend auf die Produktions- und Konsumpraxis in der Sphäre der Populärkultur aus. Nimmt man aber auch die Produktionsdeterminanten im sogenannten »Zeitalter der technischen Reproduzierbarkeit« hinzu, stellt sich heraus, dass auch die Sphäre der (postauratischen) »hohen« Kultur davon nicht ausgenommen war. In diesem Sinne konnte noch Walter Benjamin (vielleicht auch nur zweckoptimistisch) das dem Genre des Kinofilms innewohnende politisch-revolutionäre Potential preisen. Es will jedoch scheinen, als habe Adorno schon 1936 nicht Unrecht gehabt, als er seinem Freund und Kollegen schrieb, man habe sich »jeden Appells an die Unmittelbarkeit eines wie immer gearteten Wirkungszusammenhanges und an das tatsächliche Bewusstsein der tatsächlichen Proletarier, die vor den Bürgern nichts, aber auch gar nichts voraushaben außer dem Interesse an der Revolution, sonst aber alle Spuren der Verstümmelung des bürgerlichen Charakters tragen«, zu enthalten.

Die in der Debatte zwischen Benjamin und Adorno vertretenen Grundpositionen widerspiegeln aufs Beste die der Kunst ab einer bestimmten historischen Phase beigemessene dialektische Funktion, genauer: die Wechselbeziehung zwischen Autonomie und Heteronomie der Kunst im modernen Zeitalter. »Hohe« Kunst wird nicht mehr nur als das spezifische kulturelle Kapital einer bestimmten sozialen Klasse begriffen, sondern versteht sich nunmehr als ein allgemeingesellschaftliches kulturelles Moment, das aus dem sozial Bestehenden erwächst, zugleich jedoch die Dimension seiner möglichen Transzendierung in sich birgt.

Die ästhetische Theorie Adornos mag als Paradigma zur Darlegung dieses grundsätzlichen Sachverhalts dienen. Die nun folgende Darstellung hält sich eng an Hans-Martin Lohmanns Aufsatz »Adornos Ästhetik«, der sich in Willem van Reijens *Adorno zur Einführung* findet.

Exkurs: Ästhetische Theorie

Das Programm einer Vernunftkritik, ein im philosophischen Diskurs der Moderne nie ganz zur Ruhe gelangtes Thema, kann sich »nicht im luft- und gesellschaftsleeren Raum entfalten, sondern bedarf eines Mediums, das die herrschende Vernunft nicht einfach verwirft, vielmehr diese vermittels ihrer (ästhetischen) Subversion auf ihren defizienten Modus aufmerksam macht und dadurch überhaupt erst zu sich selbst bringt«, sagt Adorno in seinem unvollendet gebliebenen Werk »Ästhetische Theorie«. Die frühen Romantiker (und Adorno in deren Folge) sahen dieses Medium in der Kunst und verstanden das Schellingsche Konzept der »intellektuellen Anschauung« als medialen Begriff, »der die rationalistisch verengte Vernunft zu unterminieren vermag«. So besehen weist Adornos »Ästhetische Theorie« eine Doppeldimension auf: Während der Begriff der Theorie darauf verweist, dass die von ihr behandelten Gegenstände »unter die Bestimmungen der Vernunft gesetzt werden«, deutet der Begriff des Ästhetischen auf eine bewusste Modifikation dieses Anspruchs auf Unterordnung hin, wenn man will: ein Sichwehren gegen das rigorose Monopol der Vernunftbestimmungen: »Das Glück an den Kunstwerken ist jähes Entronnensein«, sagt Adorno. Er geht dabei davon aus, dass das Kunstwerk »der einzige und sozusagen letzte Aufenthaltsort eines subversiven, unverdinglichten Subjekts« geblieben sei: Die Verbindung, die

»Vergeistigung und Obsession durchs Geistfernste« in der Kunst eingehen, suspendiert die »Trennung von Sinnlichkeit und Verstand« in einer Weise, wie sie nirgends sonst mehr realisierbar ist. Unter diesem Gesichtspunkt wird die Affinität zum »Geistfernsten« von Adorno als »die Spitze einer Dialektik der Aufklärung« apostrophiert; und sofern sich das Kunstwerk durch eine solche Affinität auszeichnet, ist es »der Träger eines Wunsches, den zu erfüllen sich die Individuen im Rausch ihrer vermeintlichen Autonomie und Selbstgewissheit verboten haben«. Ähnlich wie später die Denker des Poststrukturalismus begreift auch Adorno das »transzendental-philosophische Subjekt der europäischen Philosophie« als das Erzeugnis eines Gewaltstreiches »gegen sein schlechthin Anderes«. Die kategorische Forderung nach Kritik dieses Subjekts erfolgt demnach im Namen einer »(künstlerischen) Subjektivität, die ihr Anderes zwanglos zulässt«, diesem Anderen aber auch nicht blindlings verfällt. Sie ist letztlich vom Wunsch nach »Zurücknahme der rationalen Einsinnigkeit der instrumentellen Vernunft« getrieben, welche Adorno als eigentliche »Zerstörung der Vernunft« begreift.

Der Kunst als eigenständiger kognitiver Handlung wird somit eine prinzipielle Oppositionsrolle gegenüber dem gesellschaftlich Bestehenden zugesprochen. Diese grundlegende Auffassung Adornos lässt sich mit Hauke Brunkhorst wie folgt zusammenfassen: »Die Kunst ist autonom und als solche Opposition zur Realität und radikale Negation des gesellschaftlichen Status quo. Der Status quo ist für sie kein Argument und erst recht kein Kunstwerk. Die Realität erreicht die Kunst nie. Wo die Kunst hingegen affirmativ ist, begibt sie sich freiwillig ihrer Autonomie und wird, wie Derrida sagt, ›servil‹. Zugleich aber ist die Kunst objektiv durch die Gesellschaft vermittelt, und zwar, so Adorno, ganz und gar. Das heißt nichts anderes, als dass sie autonom, aber in ihrer Rationalität durch die Gesellschaft beschränkt, auf eine bestimmte Perspektive festgelegt ist. Sie erhebt einen ernsthaften und unbedingten Wahrheitsanspruch gegenüber der Gesellschaft, aber sie gehört selbst zu dieser Gesellschaft, und dadurch wird ihre Wahrheit auch wieder eingeschränkt, und zwar auf eine bestimmte Perspektive in der Gesellschaft. An ihren Folgen zeigt sich dann, wie affirmativ oder negativ, wie servil oder souverän sie von Fall zu Fall tatsächlich ist. Nur ein universeller ästhetischer Wahrheitsanspruch ermöglicht überhaupt ein Offenhalten der Alternative ›Affirmation‹ oder ›Negation‹. Ohne ihn ist die Kunst zur Servilität verurteilt.«

Die hier skizzierte, die bestehende Gesellschaft als wesentlich repressiv begreifende Auffassung ist durchweg von emanzipativer Ausrichtung getragen. Auf der Basis dieser Grundeinstellung lässt sich entsprechend die Behauptung verstehen, wonach gerade »sofern die ›Ästhetische Theorie‹ die ›bedeutungsferne Sprache‹ des Kunstwerks und damit dessen sinnzerstreuenden und -zerstörenden Aspekt hervorhebt, [...] sie dem objektiven gesellschaftlichen Zustand vermutlich mehr als alle Aussagen [entspricht], die der Kunst eine wie immer geartete positive ›Funktion‹ zusprechen und damit Hoffnungen und Ausblicke formulieren, denen Adorno rigoros ihre Existenzberechtigung abspricht«: »Um der Versöhnung willen müssen die authentischen Werke jede Erinnerungsspur von Versöhnung tilgen«, sagt Adorno – anders ausgedrückt: Die Versöhnung in einer repressiven Gesellschaft kann nichts als die Affirmation des Repressiven bedeuten.

Somit versteht sich also »hohe« Kultur (in ihrer Bedeutung als Sphäre autonomer Kunst im oben definierten Sinne) nicht mehr als Gegensatz irgendeiner beliebigen »niedrigen« Kultur, sondern als der bewusst ausgespielte Gegenpol zum relativ neuen Phänomen der *Kulturindustrie*; d. h., sie tritt nicht mehr als die einer bestimmten sozialen Klasse zugesprochene kulturelle Kategorie auf, sondern eben als Aufenthaltsort des alternativen »Ganzanderen« (»Nichtidentischen«) der gesamten bestehenden gesellschaftlichen Praxis, deren neue, modifizierte Repressionsstruktur im Zeitalter des Spätkapitalismus sich in zunehmendem Maße kulturindustriell manifestiert. Adorno hat darauf prägnanten Bezug genommen. Der Begriff »Kulturindustrie«, erklärte er, sei seinerzeit als bewusster Ersatz für »Massenkultur« eingesetzt worden, um von vornherein eine interessengeleitete Deutung, »dass es sich um etwas wie spontan aus den Massen selbst aufsteigende Kultur handele, um die gegenwärtige Gestalt von Volkskunst«, auszuschalten. Die Kulturindustrie nehme »Altgewohntes« auf und füge es zu einer neuen Qualität zusammen: »In allen ihren Sparten werden Produkte mehr oder minder planvoll hergestellt, die auf den Konsum durch Massen zugeschnitten sind und in weitem Maß diesen Konsum von sich aus bestimmen. Die einzelnen Sparten gleichen der Struktur nach einander oder passen wenigstens ineinander. Sie ordnen sich fast lückenlos zum System«. Der entscheidende Punkt besteht hierbei darin, dass diese solchermaßen systematisch durchstrukturierte Kulturindustrie die »willentliche Integration ihrer Abnehmer von oben« bewirke. Darüber hinaus zwinge sie die »jahrtausendelang getrennten Bereiche hoher und niederer Kunst zusammen«, und zwar zu ihrer beider Schaden: »Die hohe wird durch die Spekulation auf den Effekt um ihren Ernst gebracht; die niedrige durch ihre zivilisatorische Bändigung um das ungebärdig Widerstehende, das ihr innewohnte, solange die gesellschaftliche Kontrolle nicht total war.« Während also die Kulturindustrie manipulativ auf den »Bewusstseins- und Unbewusstseinsstand« der Massen spekuliere, seien diese eben »nicht das Primäre sondern ein Sekundäres, Einkalkuliertes; Anhängsel der Maschinerie«: »Der Kunde ist nicht, wie die Kulturindustrie glauben möchte, König, nicht ihr Subjekt, sondern ihr Objekt.« Mit anderen Worten: Die »Kulturindustrie mißbraucht die Rücksicht auf die Massen dazu, ihr als gegeben und unabänderlich vorausgesetzte Mentalität zu verdoppeln, zu befestigen, zu verstärken. Durchweg ist ausgeschlossen, wodurch diese Mentalität verändert werden könnte. Die Massen sind nicht das Maß sondern die Ideologie der Kulturindustrie, so wenig diese auch existieren könnte, wofern sie nicht den Massen sich anpasste.«

Das will wohlverstanden sein: Dass die Produkte der Kulturindustrie nach dem Prinzip ihrer Verwertung, »nicht nach dem eigenen Gehalt und seiner stimmigen Gestaltung« verfertigt werden, dass die gesamte kulturindustrielle Praxis also »das Profitmotiv blank auf die geistigen Gebilde« überträgt, darf keinesfalls darüber hinwegtäuschen, dass diese Erscheinungen nicht ganz neu sind, ihre ersten Anzeichen vielmehr sichtbar wurden, seitdem jene geistigen Gebilde – »durch ihr autonomes Wesen hindurch« – als Waren auf dem Markt ihren Urhebern als Broterwerb zu dienen begannen. Neu an der Kulturindustrie sei gleichwohl der »unmittelbare und unverhüllte Primat der ihrerseits in ihren typischsten Produkten genau durchgerechneten Wirkung«, die große Bedeutung also, die sie auf die gezielt glatte, wesentlich unkritische Rezeption ihrer Erzeugnisse durch ihr immer größer werdendes Konsum-Publikum legt: »Die Autonomie der Kunstwerke, die freilich kaum je ganz rein herrschte und stets von Wirkungszusammenhängen durchsetzt war, wird von der Kulturindustrie tendenziell beseitigt.« Waren also die Kunstwerke immer schon auch, aber eben nicht nur Ware, so sind die Produkte der Kulturindustrie bereits nichts anderes als Ware.

Kulturindustrie

Diese Diagnose ist schon 60 Jahre alt. Seither, so will es scheinen, hat sich ihre Gültigkeit nur noch verstärkt; die Kulturindustrie ist mittlerweile expandiert und hat Dimensionen angenommen, die selbst Adorno nicht ahnen konnte. Der »Erfolg« einer heutigen gigantischen Produktion der Hollywoodschen Filmindustrie z. B. bemisst sich in allererster Linie an dem in ihr investierten Kapital und an den mit ebendiesem verglichenen Ertragsziffern vom Moment ihrer pompös zelebrierten Uraufführung an. Noch ehe die Ware selbst auf den Markt gekommen ist, wird die Dokumentation ihrer Herstellung (zuweilen gar als eigenständiger Film) in den Massenmedien vertrieben, wobei ein Werbe- und Vermarktungsapparat aktiviert wird, der sämtliche Mechanismen, Tricks und Kniffe der autoritären Fetischisierung der Helden, der unmittelbaren Verdinglichung von Inhalten und »Botschaften« des Werkes zu genau ausgetüftelten Reiz- und Wirkungsmomenten sowie der aggressiven Kommerzialisierung seiner akribisch durchgeplanten Aura, die auch noch als solche gepriesen wird, ehe seine eigentliche Verwertung durchs Publikum begonnen hat, aufs Genauste beherrscht. Die Apotheose der Kommerzialisierung kennt dabei keine Grenzen, auch nicht die Grenzen des minimalen Respekts vorm Übergang von der Realität zur Fiktion bzw. von der Fiktion zur Wirklichkeit: So wie in einem jener PR-Filme berichtet wurde, dass Steven Spielberg bei den Massenszenen seines Films »Schindlers Liste« wenige Proben abhielt, weil ja auch die wirklichen Opfer in den historischen Lagern keine Proben abgehalten hätten, hieß es auch auf einer Einladung zu einem nach der Aufführung des Films in Amerika veranstalteten TV-Talk mit einem Schindler-Überlebenden: »Sie haben den Film gesehen – nun kommen Sie, um einen Überlebenden zu treffen.« Und ebenso wie jener Überlebende nichts Anstößiges an dieser werbesloganhaften Verdinglichung des Grauens seiner persönlichen Vergangenheit fand, wurde auch der Film selber von vielen Überlebenden als effektiv begrüßt – er wirke gut.

Nun lässt sich dagegenhalten, »Schindlers Liste« sei kein gutes Beispiel für ein charakteristisches Produkt der Kulturindustrie; es handle sich gar um ein Werk aus dem Bereich der »hohen« Kunst. Es ist hier nicht der geeignete Rahmen, das Problem der allgemeinen Expansion der Kulturindustrie, ihrer zunehmenden Beherrschung großer Teile der »hohen« Kunst, ihres immensen Einflusses auf diese und den Zusammenhang all dieser Faktoren mit dem der »hohen« Kunst inhärenten Potential des »Niedrigen« zu erörtern. Nicht von ungefähr hob gerade Adorno hervor, dass der Kitsch nicht, »wie der Bildungsglaube es möchte, bloßes Abfallprodukt der Kunst [ist], entstanden durch treulose Akkommodation, sondern lauert in ihr auf die stets wiederkehrenden Gelegenheiten, aus der Kunst hervorzuspringen«. Im hier erörterten Zusammenhang erhebt sich gleichwohl die Frage, ob das Schicksal des Spielbergschen Werkes, so ernst es in Motivation und Ausrichtung gewesen sein mag, letztlich nicht von vornherein determiniert war, weil es im fest umrissenen Rahmen der Produktionsstruktur und der vorgegebenen Perzeptionsmuster jener Industrie, die immer schon von der ideologisch gerechtfertigten Herstellung von »Abfallprodukten« lebt, entstand. Bergen nicht gerade der kathartische Zweck

(»es wirkt gut«), die mimetische Fixierung (realistische Darstellung dessen, »was dort geschah«), die objektiv zustandekommende Vermengung der Affirmation von Denk- und Erinnerungskonventionen mit der Fetischisierung der Darstellung? Erzeugt wird die unterhaltende Veralltäglichung dessen, was kaum, wenn überhaupt je, ausgedrückt werden kann, die allseits zugängliche Zubereitung dessen, was man nicht vergessen darf, aber nur schwer erinnern kann, und gerade deshalb seine (künstlerische) Konfrontation mit einem Maß an nie versiegendem Unbehagen, einer stets beibehaltenen Spannung zwischen der behutsamen Anrührung und dem, vor dessen Berührung man sich hüten muss, angehen sollte. Die Kulturindustrie beschäftigt sich per definitionem nicht mit solchen Fragen. Es sei dahingestellt, ob die Behauptung, nach Auschwitz sei das Schreiben eines Gedichtes barbarisch, schon damals, im Angesicht des Entsetzens nach dem Zweiten Weltkrieg, ihre Berechtigung hatte. Dies ist bekanntlich eine der wenigen Aussagen, die Adorno selbst (teilweise) widerrief. Klar ist gleichwohl, dass, seitdem die vorherrschende Kultur in der Ära »nach Auschwitz« »Auschwitz« in eine Konsumware verwandelt hat, deren Tauschwert sich mittlerweile in der Hollywoodschen Oscar-Statue (und anderen Unterhaltungsformen der gängigen Materialisierung des Holocaust-Andenkens) verkörpert, Barbarei sich schon nicht mehr als Frage einer in Ideologie widergespiegelten Praxis, sondern eben als die einer Praxis gewordenen Ideologie darstellt.

Und doch ist »Schindlers Liste« in der Tat kein ausgesprochen typisches Exemplar der kulturindustriellen Schwemme. Spricht man etwa vom Medium des Fernsehens, handelt es sich doch in erster Linie um die Flut von Unterhaltungssendungen, jenes Riesenaufgebot an Krimis, Sitcoms, Seifenopern, Quiz-Spielen, Talk- und Reality-Shows und sonstigen Standardprodukten der televisionischen »Freizeit«-Kultur, eine gigantische Welle von

Programmen, die in zahllosen kommerziellen Sendern routinemäßig ausgestrahlt werden. Die Sender verdanken dabei ihr Bestehen der Fähigkeit, Publikum anzuziehen, also dem Maß ihrer Attraktivität für die potentiellen Verbraucher der Waren und Dienstleistungen, deren Werbung – eine Industrie für sich! – einen zentralen Bestandteil der Finanzierung dieser Sender bildet. Die »Niedrigkeit« dieser TV-Produktionen ist also strukturell in der (kommerziellen) Logik, die der Sphäre ihrer Vermarktung und Verbreitung zugrunde liegt, verankert. Paradoxerweise bleibt es sich dabei gleich, ob die Werbung den Absatz der Waren tatsächlich fördert oder nicht; die kommerzielle Logik selber hat mittlerweile eine Art Verdinglichung erfahren, und die Werbung ist zum »eigenständigen Genre« geronnen, zum quasi »autonomen« Produkt, ausgestattet mit sämtlichen »Aura«-Requisiten und dazugehöriger fetischistischer Rezeption, wie sie die Kulturindustrie seit je nicht nur am besten herzustellen, sondern auch dem Publikum massenwirksam unterzujubeln versteht: Diente noch das »Rating« anfangs als Instrument, als diskretes Arbeitsmittel von (damals vor allem amerikanischen) Managern, Produzenten, Werbeleuten und sonstigen Funktionären der TV-Unterhaltungsbranche, so ist es heute längst zum eigenen Zweck mutiert, zur offen gepriesenen Leistung und zum ideologischen Postulat – der Erfolg beim Versuch, die Aufmerksamkeit eines möglichst großen Publikums zu erregen, wird mutatis mutandis zur Legitimation eines Kulturschaffens, das auf nichts mehr als eben diese Erregung von Aufmerksamkeit zielt. Mit Erfolg diskutiert man nicht, wie es zweckrational heißt.

Nicht nur diskutiert man mit ihm nicht, man entwickelt gar eine aggressive Ideologie gegen jene, die darauf bestehen, das der Erfolg beim Publikum dialektisch gerade das Gegenteil von dem zutage fördern mag, was jene meinen, die ihn im Namen ebendieses Publikums rechtfertigen: die

Erniedrigung der Zuschauer durch die »Erfüllung« ihrer Wünsche. Und so erklärt es sich, dass ein Topfunktionär eines jener sehr erfolgreichen Kommerzsender in einem Moment plötzlicher Aufwallung von intellektueller Nachdenklichkeit, gepaart mit missionarischem Verantwortungsgefühl, fragt, wer überhaupt qualifiziert sei, zu bestimmen, »was hoch und was niedrig ist, was Qualität hat und was nicht«, um sodann mit umso größerer Emphase zu deklarieren, dass »ein Mensch nach einem schweren Arbeitstag vor allem unterhalten werden will«; auf keinen Fall wolle er eine »Bombe von Langeweile«, d.h. eine anspruchsvolle Produktion, die an den Zuschauer eine noch so geringe Anforderung stellen könnte, zu sehen bekommen. Und sein Kollege, auch er Generalmanager in einem anderen Kommerzsender, fügt in einem eigenen Anfall von philanthropischer Generosität hinzu, es sei die Gestalt der einfachen Frau aus einem entfernten Örtchen, die er bei der Gestaltung der TV-Programmtafel vor Augen habe, um dann noch hinzuzusetzen, dass »Nachrichten wichtig [seien], aber nicht notwendig. Das Volk will Unterhaltung. Und zwar das ganze Volk.« Diese Erklärungen entstammen einem vermeintlich pluralistischen Impuls, Auswüchse einer scheinbaren Kritik an der elitistischen Arroganz von Anhängern »hoher« Kultur. Gerade deshalb freilich wohnt ihnen ein Element besonders perfider Arroganz inne: Es ist wohl kaum zu erwarten, dass sich der Generalmanager einer Fernsehanstalt Gedanken über das Problem einer Gesellschaft macht, in welcher der »schwere Arbeitstag« als natürlich, mithin als für »den Menschen« selbstverständlich gilt; desgleichen darf man annehmen, dass er sich kaum den Kopf zerbricht über den inneren Zusammenhang von besagtem »schweren Arbeitstag« und der von ihm dargebotenen »Unterhaltung«, die zur effizienten Kanalisierung von Frustration und Verbitterung (und potentieller Auflehnung) infolge der durch entfremdete Arbeit zustandegekommenen »Schwere« des Arbeitstages dient. Man sollte jedoch meinen, dass selbst er, der Fernsehmanager, begreifen könnte, dass sein pseudodemokratisches Eingehen auf das, was man »dort unten« will, von der Höhe seiner sozialen Position; dass seine vermeintlich egalitäre Großzügigkeit gegenüber den Vorlieben des »Volkes« von der Warte seiner superioren Stellung, die es ihm (im Gegensatz zu vielen anderen) ermöglicht, sich jedes gewünschte kulturelle Kapital anzueignen; kurzum, dass seine scheinheilige »Kapitulation« vor der »Meinung der Mehrheit« nichts anderes sei als eine anmaßend hypokritische Manipulation, vor allem aber ein wirkungsvolles Instrument im Dienste der fixierenden Reproduktion und ideologischen Perpetuierung einer gesellschaftlichen Ordnung, in welcher es »dem Menschen« nicht mal mehr in den Sinn kommt, dass er sich mehr wünschen darf, als billige »Unterhaltung« am Ende eines »schweren Arbeitstages«.

Und dennoch, vielleicht gerade deshalb ist es nötig, die rhetorische Frage jenes Funktionärs, wer qualifiziert sei, zu bestimmen, »was hoch und was niedrig ist, was Qualität hat und was nicht«, zu erörtern. Davon ausgehend, dass die Frage auf eine aus der bestehenden sozialen Wirklichkeit hervorgegangene Autorität zielt, zeichnet sich auch diese pseudonaive Frage durch jene hochmütige Anmaßung aus, die seit jeher charakteristisch ist für die in den Bastionen ihrer sozialen und politischen Macht gepanzerten Herrschaft, die es sich gleichwohl nicht nehmen lässt, »es mit dem Volk gut zu meinen«. Ist es nicht klar, was die Quelle der »Autorität« (bzw. »Qualifikation«) jener ist, die de facto entscheiden, was, wann und in welcher Häufigkeit die »einfachen Menschen«, um deren Wünsche und Stimmung man so besorgt ist, zu sehen bekommen? Wofern es aber um die Autoritätsquelle geht, scheint es freilich weniger um die Frage zu gehen, *wer* bestimme, was »hoch« oder »niedrig« sei, als vielmehr darum, *wo* es bestimmt werde. Und die Antwort hierauf ist, dass dies ausschließlich, ungeachtet der normativen Intention, in der Sphäre der »hohen« Kultur entschieden wird. Der Grund hierfür liegt darin, dass diese Sphäre der Kultur die komplexen Mechanismen diskursiver Erörterung und Systeme der Selbstreflexion entwickelt hat und die Legitimation für die Dialektik der Aufhebung eigener Formen, ja sogar das Programm für ihre Selbsteliminierung geschaffen hat. Und in diesem Sinne ist auch die Debatte um »den Zusammenbruch der hierarchischen Unterscheidung zwischen Elite- und Populärkultur« von einem paradoxen Moment durchwirkt: Sie selbst ist ein ausgesprochenes Produkt der »hohen« Kultur.

Wo aber »niedrige« Kultur ihrerseits eine bewusste Haltung gegenüber der »hohen« zu entwickeln vermochte, war diese Haltung für gewöhnlich von Ressentiment getragen. Bezeichnend sind in diesem Zusammenhang die Worte eines Rockmusik-Kritikers, der (in einer polemischen Debatte mit seinem Kollegen, einem Anhänger der »Techno«-Musik, sozusagen im Rahmen einer »inneren« Debatte um »leichte« Musik) meinte, »die Fürsprecher [der Rockmusik] schreiben keinen Stuss in den Zeitungen. Sie packen ihr Leben in drei Akkorde und steigen mit ihnen auf die Bühne.« Der erklärte Anspruch auf Authentizität, der sich hier mit einer betont anti-intellektuellen Haltung paart, legitimiert sich offenbar durch das Prinzip der künstlerischen Einfachheit (um nicht zu sagen Primitivität). Nun ist es nicht so, dass »hohe« Kultur nicht ihre eigenen Tendenzen rigoroser »(Selbst)-Primitivierung« kannte. Gleichwohl waren diese Tendenzen stets von einem provokant kritischen Impuls beseelt, und sie manifestierten sich immer als ein Akt der Adoption, als massive Verarbeitung »fremder« Elemente und deren Integration in die »hohe« Kultur. Auch wo sich diese Integration als nicht ganz so vollständig erwies, war es doch vorwiegend die »hohe« Kultur, die sowohl die »legitime« Rezeption des »Niedrigen« als auch dessen institutionelle Kanonisierung besorgte. Nur wenn man die »niedrige« Kultur von den normativen Maßstäben der »hohen« trennt, lässt sich überhaupt in Kategorien einer wie immer verstandenen Eliminierung der zwischen den verschiedenen Kultursphären herrschenden Hierarchie denken. Man kann also auf die Behauptung des Rockmusik-Kritikers auf zweierlei Ebenen eingehen: Entweder gehorcht die Rockmusik einer geschlossenen, auf bestimmte gesellschaftlichen Funktionen und autonomen kulturellen Kodes ausgerichteten inneren Logik; dann muss sie a priori von jeglichem wertenden Vergleich mit der »hohen« Kunstmusik entbunden werden, was so viel heißt, dass »drei Akkorde« schon nicht mehr als ein anhand bestimmter Kriterien bewertetes musikalisches Material zu beurteilen sind, sondern als etwas Heteronomes, das sich »hohen« Maßstäben grundsätzlich entzieht. Oder aber man beurteilt Rockmusik dennoch nach konventionellen, in jahrhundertelangen Prozessen herangereiften innermusikalischen Standards; dann freilich kommt man kaum um die Feststellung herum, dass »drei Akkorde« als solche kein allzu guter (musikalischer) Grund sind, um »mit ihnen auf die Bühne zu steigen«, es sei denn, man will auf der Bühne demonstrieren, was sich aus einem solch dürftigen Material herausholen lässt – und es kann wohl schwerlich behauptet werden, dass die Leistungen der Rockmusik in dieser Hinsicht (von Ausnahmen abgesehen) bislang besonders überzeugend waren. Geht man aber davon aus, dass der Aufstieg der Rockmusik als eine Form sozialer Rebellion und eine bewusst betriebene Alternative zur traditionellen Hegemonie der »hohen« Kultur interpretiert werden müsse (und es scheint, als ließen sich in der Tat hierin ihre historischen Wurzeln ausmachen), muss man sich umso dringlicher der oben umrissenen Problematik der Kulturindustrie stellen, nämlich der auffälligen Neigung dieser sich als Gegenkultur verstehenden Rockszene, sich dem vorherrschenden Warenprinzip der bestehenden Massenkultur (freiwillig) zu unterwerfen, ihrer Tendenz, sich der dieser Massenkultur zugrunde liegenden kapitalistischen Logik zu beugen, mithin ihrem tragischen Schicksal: der Neutralisierung des ihr (ursprünglich) innewohnenden Rebellionsimpetus.

Die komplementäre Seite des Phänomens erweist sich am tragischen Schicksal der avantgardistischen Kunst. Soweit sie nicht früher oder später von der Kulturindustrie vereinnahmt wurde, entfernte sie sich zunehmend von ihrem Publikum, bis sie sich vollends in einen esoterischen Diskurs von Eingeschworenen, gleichsam hermetisch abgeriegelt vom »breiten Publikum«, verwandelte. Zweifellos trug das diese Kunst in ihren revolutionären Momenten antreibende Prinzip der permanenten Formaufhebung viel zu der sich stets erweiternden, immer schwerer überbrückbaren Kluft zwischen Kunst und Publikum bei. Diese Kluft sollte bald genug ideologisiert werden – der moralisierende Vorwurf des Elitismus prägte nunmehr den allgemeinen Kunst- und Kulturdiskurs. Dem Begriff des Elitismus ist ein Exkurs am Ende dieses Kapitels gewidmet.

Die Kategorie der Kulturindustrie in der klassischen Kritischen Theorie Frankfurter Provenienz, so wird des Öfteren behauptet, hat sich vor allem deshalb überlebt, weil man ihr den kritischen Stachel normativ entzogen hat. Indem man in Diskursen des vor allem in den USA zur Prominenz gelangten französischen Poststrukturalismus begann, Kulturhierarchien zu stürzen und traditionelle Wertmaßstäbe künstlerischer Evaluation zu dekonstruieren; indem darüber hinaus sich die Patina des politisch Korrekten über das analytische Werk postmoderner Indifferenz legte, wurde die der Kulturindustrie-These zugrundeliegende emanzipative Emphase nach und nach entsorgt, sodass heute bereits, wie schon gesagt, das schiere Reden über die manipulative

Maschinerie systemkonformer Verdummung von Konsumenten der Kulturindustrie als »elitistisch« abgeschmettert bzw. als »anachronistisch« verlacht zu werden pflegt. Der Siegeszug kommerzieller Massenkultur in den letzten Jahrzehnten manifestiert sich nicht zuletzt darin, dass ihre Betreiber wie denn ihre Klientel sich um die Kritik an dieser nicht mehr zu scheren brauchen. Im Gegenteil, die Kritik selbst wird der Kritik unterzogen, indem man ihr – ideologisch durchtrieben – antidemokratische Überheblichkeit und besserwisserischen Dünkel nachsagt.

Der Kulturindustrie als Denkkategorie erging es dabei wie anderen bedeutenden Kategorien der alten Frankfurter Schule, allen voran denen des autoritären Charakters und der Kapitalismuskritik. Von Relevanz ist diese Feststellung im hier erörterten Zusammenhang insofern, als sich die Praxis der Kulturindustrie ohne die Profitausrichtung des Kapitalismus, mithin auch ohne die im autoritären Charakter angelegte Konformitätsbereitschaft gar nicht zu denken ist. Nun fragt sich freilich, inwieweit diese Kategorien selbst historisch ihre Gültigkeit bewahrt haben. Denn wenn die äußere Autorität seit der frühen Neuzeit an Ansehen verloren hat, das eigene Gewissen dabei zunehmend an ihren Platz getreten ist; wenn zudem das »eigene Gewissen« als verlängerter Arm gesellschaftlicher Transformation zu begreifen ist, diese Transformation aber eine Liberalisierung der althergebrachten Kontroll- und Dressurformen des Individuums gezeitigt, das eigene Gewissen mithin seine frühere bürgerliche Funktion des »strengen Zwingherrn« (Erich Fromm) eingebüßt hat, stellt sich die Frage, wie es mit den Autoritätsgebilden heutiger westlicher Gesellschaften bestellt sei, bzw. ob der klassische Begriff der autoritären Persönlichkeitsstruktur als Matrix moderner Gesellschaften, ja sogar, wie seinerzeit postuliert, als »menschliche Grundlage des Faschismus« aufrechterhalten werden könne.

Festzuhalten gilt es zunächst, dass die veränderte Weltlage seit dem Zusammenbruch des osteuropäischen Kommunismus mitnichten etwas am Wesen des Kapitalismus geändert hat, lediglich, dass er nunmehr das gesamte »Spielfeld« im Weltmaßstab für sich beanspruchen kann. Das Gerede von »Globalisierung« bedient da vor allem einen neoliberal motivierten Nomenklaturdiskurs, dessen primäre Funktion sich in der ideologischen Kaschierung einer objektiven, weltumspannenden Barbarei erschöpft, bei der große Teile der Menschheit (real oder potentiell) zugrunde gehen, dabei aber medial in die westliche Gleichheitsideologie »kultureller« Globalisierung einbezogen werden: multikulturelle Identitätsdiskurse als Ersatz für die Erörterung (geschweige denn Bekämpfung) struktureller Ursachen von weltweitem Massenelend. Festzuhalten gilt es darüber hinaus, dass auch innerhalb der entwickelten westlichen Gesellschaften die Logik des Kapitalismus weiterhin strukturelles Elend produziert: Nicht nur kommt der immens angestiegene Wohlstand mitnichten allen ihren Mitgliedern zugute; nicht nur gibt es auch in ihnen horrende, mit dem Zusammenbruch traditioneller sozialer Wohlfahrt zunehmende Armut, sondern der in ihnen historisch erlangte Stand der Produktionsmittel bewirkt nicht die nunmehr objektiv möglich gewordene Reduktion entfremdeter Arbeit; vielmehr wird, unter Beibehaltung struktureller Arbeitslosigkeit, die Konkurrenz auf dem Arbeitsmarkt perpetuiert, mithin entfremdete Arbeit selbst mutatis mutandis zum »begehrten« Ziel erhoben. Die in den letzten Jahren merklich angestiegene Fremdenfeindlichkeit, das virulierende ethnische Vorurteil und kruder Rassismus weisen eine klare Affinität zu diesen strukturbedingten Widersprüchen auf.

Es soll daher gerade in diesem Kontext auf die ungleich »demokratischere«, auch unscheinbarere, mithin kaum als solche identifizierbare Form des Autoritären hingewiesen werden: die autoritäre Unterwerfung unter das globalisierte Diktat der Kulturindustrie. Adornos Kulturindustrie-Konzeption ist merklich von der emanzipativen Funktion der Kunst beseelt. Entsprechend stellt sich ihm Kulturindustrie als Instanz stetig sich ausweitender kognitiver Kontamination dar. Trotz ihrer Weitsicht nimmt sich seine Analyse freilich heute etwas »veraltet« aus, nicht jedoch wegen der nunmehr allseits betriebenen »Aufwertung« kulturindustrieller Massenkultur – etwa im postmodernen Postulat der Aufhebung von *high* and *low* –, sondern weil, ganz im Gegenteil, die Exzesse der Kulturindustrie und die unübersehbare Expansion ihrer Wirkungsbereiche sowie die inzwischen massiv erfolgte Entfaltung der kulturindustriellen Produktions-, Zirkulations- und Konsumtionsmittel mittlerweile Dimensionen angenommen haben, die alles, was sich Adorno im Zeitalter der jungen Entwicklung von Radio und Fernsehen noch vorstellen konnte, in den Schatten stellen.

Adornos Argument bedarf der Radikalisierung. Denn wenn es stimmt, dass wir – wie vom amerikanischen Kulturwissenschaftler Michael Denning behauptet – »am Ende« der Massenkultur angelangt sind und die Debatten, in denen Massenkultur als ein »Anderes« bestimmt wurde, sich überlebt haben, weil es eben nichts *außerhalb* der Massenkultur gebe; Massenkultur sei vielmehr »das eine Element, das wir alle atmen«. Die Kulturindustrie steuert auf umfassende Kommerzialisierung *aller* Bereiche institutionalisierter »Realitäts«-Vermittlung, mithin auf warenförmig verdinglichte Beherrschung unserer Alltagswahrnehmung hin. Ihre Quotenmechanismen sind dabei auf die totale Integration immer größerer Teile des Publikums ins globalisierte Kraftfeld unaufhaltsam ansteigenden Konsums ausgerichtet. Zugleich vermögen aber die repressiven Auswirkungen des Integrationsapparats mit der scheinemanzipativen Ideologie einer demokratischen »Liberalisierung des Marktes« und pseudoliberalen »Demokratisierung des Konsums«, eines »freien Willens« und einer vorgeblich »freien Entscheidung« des in Wahrheit immer enger angepassten Individuums zu kaschieren. Kulturindustrie fungiert somit nicht mehr nur als diametraler Gegenpol der autonomen Kunst, sondern als *die* Wahrnehmungs- und Interaktionsform im *gesamten* Wirkungsbereich des globalisierten Spätkapitalismus. Das der strukturellen Logik der Kulturindustrie zugrunde liegende Tauschprinzip ist zum allumfassenden Formprinzip der objektiven Entfremdungsmorphologie moderner Gesellschaften mutiert. »Falsches Bewusstsein« meint nicht mehr einen Basis wiederspiegelnden ideologischen Überbau, sondern bezieht sich auf eine ökonomisch durchherrschte, *praxis*gewordene Ideologie dessen, was Adorno als »universellen Verblendungszusammenhang« apostrophierte. Die Vermittlung von Auschwitz durch Hollywood-Filme wie »Schindlers Liste« ist, so besehen, nur ein Aspekt der Kulturindustrie; ein nicht minder bedeutender ist, dass »die Geschichte von Auschwitz zu einem Material wird, zu einem Rohstoff, mit dem sich genauso gut Politik machen lässt wie mit einer Wahlkampfspende«, wie es Detlev Claussen formulierte. Es geht hierbei nicht nur um die durch inflationären Begriffsgebrauch bewirkte Veralltäglichung von Unsäglichem, nicht nur um die durch Zerredung hervorgerufene Banalisierung des Monströsen, sondern – minder auffällig – auch um die bewusst angezettelte Debatte, um die geplante Entfachung publizistischer Sensation. Sogenannte Diskussionen, in vermeintlichem Ernst ausgetragene Debatten und gewitzte Polemiken zeigen, dass heutzutage jede weitgehend öffentlich geführte anspruchsvolle Kontroverse zur Praxis kulturindustrieller Ideologie verkommen kann. Es ist lediglich eine Frage in Quantität umgeschlagener Qualität – und zwar der Menge »demokratisch« geäußerter Meinungen zum Thema, der Anzahl der es fernsehgerecht »diskutierenden«

Talk Shows bzw. in den Blogs polemisierenden Posts, des Umfangs seiner warenförmig betriebenen Fetischisierung – allesamt Zeugnisse dessen, dass, seitdem die »Nach Auschwitz«-Kultur Auschwitz in eine Konsumware verwandelt hat, deren Tauschwert sich in der Hollywoodschen Oscar-Statue (und anderen Verdinglichungspraktiken des Holocaust-Andenkens) materialisiert hat, Barbarei nicht mehr nur eine Frage der ideologisch reflektierten Praxis ist, sondern, wie bereits dargelegt, die einer praxisgewordenen Ideologie.

Autoritär ist dabei die Errichtung neuer Autoritätsinstanzen: die zunehmende Hingabe an eine flutartig alles überschwemmende Medienkultur samt ihrer charakteristischen Ausformungen im Starkult, in der Idolverehrung und der Fan-Mentalität; in der voyeuristischen Begaffung von Talk-Sendungen, in denen *freaks* und *low lives* ihr erbärmliches Elend zur Schau stellen und bejubelt werden, je drastischer ihre Gewalt ausbricht, je unartikulierter sich ihre Kommunikationsunfähigkeit manifestiert, im Gebaren also eines modernen Gladiatorenkampf-Publikums, welches das eigene Leben auf die sich vollends Erniedrigenden projiziert; in der mechanisch gewordenen Bereitschaft, sich immer professioneller zugerichteten Verführungen zum Konsum, zur kommerziellen Mode, zum Sensationellen auszusetzen. Ob Kunst, Unterhaltung, politisches Ereignis oder Naturkatastrophe, ob Mord oder Hungertod, Ziehung der Lottozahlen oder Abdankung des Ministers – alles verkommt der Präsentations-, Wahrnehmungs- und Verwertungsstruktur nach zur Ware: Sterben in Afrika hat einen ökonomisch kalkulierbaren *prime-time*-Wert; es wird als *item* konsumiert und hat eine Wirkungsdauer, die sich am nächstem *item*, an der nächsten Sensation, an der ihr folgenden Unterhaltungssendung bemisst. Autoritär ist die fetischisierte Hinnahme einer wenn schon nicht »von oben«, so doch »hinter den Kulissen« zubereiteten Totalvirtualisierung des Lebens, welche selbst noch TV-Wettermänner und -frauen zu Kultpersonen mutieren lässt. Wenn die Familie bei Adorno noch »den Gewohnheiten der eigenen sozialen, ethnischen und religiösen Gruppe« folgt, so hat sich daran wohl nichts Grundsätzliches geändert; zu untersuchen wäre freilich, inwieweit besagte »Gewohnheiten« sich anhand der Vorgaben televisionärer Familienserien gestalten, mithin in welcher Weise mittlerweile »ökonomische Faktoren« der kulturindustriellen Medienwelt das »Verhalten der Eltern gegenüber dem Kind« definieren.

Ob dabei Faschismus im herkömmlichen Sinne gefördert wird, wird sich erst dann erweisen können, wenn sich objektive historische Bedingungen für seine abermalige Erstehung entwickelt haben sollten. Insofern autoritäre Charakterstrukturen weiterhin für die »menschliche Grundlage« des Faschismus gehalten werden, kann man davon ausgehen, dass sich das traditionell Autoritäre in modernen Gesellschaften überlebt habe, mithin die Adorno und Fromm noch umtreibende Gefahr des Faschismus getilgt sei. Desto intensiver wird man sich freilich fragen dürfen, ob dieses Autoritäre nicht gerade in der immanenten Logik und Struktur der Kulturindustrie seinen (un-)würdigen Nachfolger gefunden haben könnte. Einige vertiefende Anmerkungen seien dem angefügt.

Der Kapitalismus bedurfte der bürgerlichen Gesellschaft zu seiner historischen Heraufkunft; er wurde zu deren Produktionsweise bzw. sie erfuhr in ihm die konkrete Manifestation ihres Wesens. Der Faschismus ist ein Erzeugnis der kapitalistischen bürgerlichen Gesellschaft; da die bürgerliche Gesellschaft mit dem Kapitalismus immanent verbunden ist, besteht zwangsläufig auch eine (zumindest potentielle) Verbindung zwischen Faschismus und Kapitalismus; darin fußte Max Horkheimers bekanntes Postulat: »Wer aber vom Kapitalismus nicht reden will, sollte auch vom Faschismus schweigen.« Horkheimer und Adorno sahen darüber hinaus in der Kulturindustrie des 20. Jahrhunderts eine dermaßen prononcierte Erscheinung des Spätkapitalismus, dass sie sie an prominenter Stelle ihres berühmten gemeinsamen Werks »Dialektik der Aufklärung« erörtern zu sollen meinten. Darf man also davon ausgehen, dass ein Zusammenhang zwischen Faschismus und Kulturindustrie besteht?

Die Frage lässt sich so nicht ohne weiteres beantworten. Denn es dürfte klar sein, dass Kulturindustrie ihren triumphalen Eingang in gängige Formationen des Kapitalismus gefunden hat, die man nicht für faschistisch, geschweige denn, für ein ausgereiftes faschistisches System erachten kann. Kulturindustrie ist in ihrer Warenförmigkeit stets kapitalistisch eingebunden, läuft aber nicht zwangsläufig auf den Faschismus hinaus. Gleichwohl darf mit Bestimmtheit behauptet werden, dass sie dem Faschismus sehr wohl dienstbar sein mag, wenn der Kapitalismus in bestimmten historischen Phasen sich zum Faschismus radikalisiert. Das mag verwundern, denn zum einen ist Kulturindustrie als Maschinerie der kollektiven Bewusstseinsmanipulation (von »Aufklärung als Massenbetrug« sprachen Horkheimer und Adorno in Zusammenhang mit der Kulturindustrie) stets mit dem befasst, was der Faschismus propagandistisch zum Ziel hat; zum anderen ist sie aber ihrem Wesen nach gewaltlos, sie kommt nett und wohlwollend daher, ist verführerisch und »demokratisch« zugleich, während doch die Kulturpolitik des Faschismus stets aggressiv und nicht selten gewalttätig war, wenn es um seine Gegner und Feinde ging. Aber schon Goebbels wusste, dass nicht nur die Hetzrede, die organisierte Kundgebung und der indoktrinäre Film notwendig waren, um die Massen geschmeidig und willig zu machen für die Belange des NS-Regimes, sondern auch die (seichte) Unterhaltung als integratives Manöver, mithin eine im Alltag vollzogene populäre, unaufgeregte Kulturkonsumtion. Er musste zu diesem Zweck nicht unbedingt etwas Neues erfinden – Infrastruktur und spezifische Produktionsformen der Kulturindustrie standen ihm bereits aus vornazistischer Zeit zur Verfügung.

Zu fragen bleibt gleichwohl, ob – abgesehen von diesem indirekten Zweck, den Kulturindustrie im Funktionsgeflecht des Faschismus erfüllen mag – etwas der Kulturindustrie selbst innewohne, das für tendenziell faschistisch erachtet werden kann. Grundvoraussetzung alles Faschistischen sind seine autoritären Strukturen. Das Autoritäre durchwirkt es nicht nur in seinen politischen und sozialen Manifestationen, wie sie etwa im Führer- bzw. Duce-Prinzip oder auch in der ideologisch gefestigten Vermengung von Volksbegriff und Klassenschichtung zum Vorschein kommen, sondern auch in den politischen Dimensionen der faschistischen Sozialpsychologie. Die Autorität des Führers fußt auf den Bedürfnissen der Geführten, sein Charisma ist ein Echo der auf ihn übertragenen Sehnsüchte, Wunschvorstellungen und Träume der Masse. Das Infantile der (faschistischen) Masse kommt in erster Linie in den Projektionen zum Ausdruck, die »der kleine Mann« an seinem »Führer« auslebt. Kein Führer ohne die kraft seiner Person befriedigten Bedürfnisse und geheimen Wünsche seiner Anhänger.

Die Kulturindustrie zeichnet sich durch eine ähnliche Struktur aus. Im Gegensatz zur autonomen (besonders der modernen autonomen) Kunst, die eine Herausforderung komplexer Dekodierung und geistiger Aneignung an den Rezipienten stellt, mithin in einer gewissen »Opposition« zu ihm stehen mag, horcht Kulturindustrie von vornherein die Bedürfnisse ihrer Konsumenten ab und will eigentlich nichts mehr, als diese bedienen. Dass sie dies aus Profitgründen anstrebt, ist nur ein (wenngleich gewichtiger) Aspekt von ihr; ein anderer ist ihr betont repetitiver Charakter, die fortwährende Reproduktion von Immergleichem, die als »demokratische« Bedienung populärer Wünsche rationalisiert wird, letztlich aber auf die gleichschaltende und systematische Verdummung derer, die man zu bedienen vorgibt, angelegt ist. Um dies bewerkstelligen zu können, muss Kulturindustrie nicht nur darauf achten, ihre Klientel nicht zu verstören, sondern auch die nötigen Zugpferde zur Verfügung stellen, die die konsumierenden Anhänger an sie binden. Im Starkult der massenorientierten Populärkultur vervollkommnet sich dieser Interaktionsmodus. Der Popstar – egal in welchem Medium der vielen Sparten des kulturindustriellen Betriebs – erweist sich nicht nur als quellende Goldgrube für seine Manager und Promoter, sondern auch als Projektionsfläche für die Begierden, Vorlieben und Illusionen seiner Fans. Darin gerinnt er ihnen zum Idol, darin verhalten sie sich ihm gegenüber infantil-autoritär: Sie zelebrieren nachgerade ihre Abhängigkeit von ihm, indem sie ihn zum Gott machen, einen fast schon religiösen Kult um seine Person und Erscheinung bilden, vor allem aber ihre Hörigkeit als unerschütterliche Folgschaft zelebrieren. Die Sexualisierung des Bezugs auf den Star (etwa in der Groupie-Praxis) ist nur das Symptom einer letztlich ausbeuterischen Verwirklichung dessen, was eigentlich unverwirklicht zu bleiben hätte. Die Kulturindustrie vermengt in eigentümlicher Weise die Unnahbarkeit des Idols mit dessen performativer Nähe, wie sie sich etwa in der Zeremonie des Stagedivings und Crowdsurfings kundtut. Die Ambivalenz gegenüber der Autorität, die sich in der Pendelbewegung zwischen Berührung und Unberührbarkeit manifestiert, hat Freud in »Totem und Tabu« eindringlich erörtert.

Es handelt sich beim Starkult also um eine selbstauferlegte Unterwürfigkeit, die sich in der demonstrativen Bewunderung von leicht Konsumierbarem zelebriert. Zugleich aber entsteht das zu Konsumierende nicht spontan, schon gar nicht zufällig. Es ist genau geplant und auf die Absicherung einer erfolgreichen Rezeption durch den Fan angelegt. Formübertretungen, unverdaubare Abweichungen oder das Gewohnte infrage stellende Kunstpraktiken sind nicht erwünscht, es sei denn, sie selbst können zum Kult erhoben werden. Exzentrisches und Ausfälliges sind, so besehen, möglich, insofern sie in den ansonsten hermetisch abgegrenzten Fankult integrierbar sind. Und sie werden nur dann integrierbar sein, wenn sie – auf welcher unbewussten Ebene auch immer – mit den projizierten Bedürfnissen der Anhänger des Stars vereinbar sind. Es ist erstaunlich, mit welcher Professionalität die Beachtung dieser Grundregeln vom Star und seinem Beraterteam eingehalten werden.

Von großer Bedeutung ist in diesem Zusammenhang, wie bereits dargelegt, dass Kulturindustrie sich schon längst nicht mehr auf die Bereiche der Kunst und des Kunstentertainments beschränkt. Kulturindustrielle Praktiken und Muster haben alle Lebensbereiche infiltriert, sie finden sich in Design und Propagierung von life styles nicht minder als in seichter TV-Unterhaltung, in den Vorgaben für Körperideale und mentales Coaching ebenso wie in populären Hitsendungen, in der medialen Lebensberatung nicht weniger als in fetischisierten Sportevents. Sie haben auch schon seit langem die Sphäre der Politik kolonisiert. Politiker (bzw. deren Beraterteams) bedienen sich zunehmend gängiger Werbungs- und Vermarktungstaktiken der kommerziellen populären Kultur, Wahlkampagnen gleichen sich den Gepflogenheiten der Popstar-Kultur an, geben mithin inhaltliche Diskurse zugunsten von kruden, daher effektvollen Sensationen und aufsehenerregenden Skandalen auf.

Wie weit diese Prozesse mittlerweile gediehen sind, konnte man besonders deutlich in der Amtszeit Donald Trumps erkennen. Besagte Affinität kulturindustrieller Praxis zum faschistischen Potential durchwirkte sie in bezeichnender Weise. Denn was Donald Trump und seine Berater sehr früh vermochten, war das Abhorchen dessen, was den auf die normative Oberfläche spezialisierten Medienforscher und Kommentatoren entgehen musste: das subkutane Stammtischgedröhn des *rust belt*. Ähnlich wie bei historischen Vorspielen zum faschistischen Wandel fühlten sich die sozial-ökonomisch deklassierten Erniedrigten und Beleidigten jener vergessenen Regionen der USA von »denen da oben« bzw. vom Washingtoner Establishment verraten; ähnlich wie bei den historischen Protagonisten im Vorfeld des Faschismus zogen sie aus ihrer Misere nicht die adäquate politische Konsequenz, die eine Hinterfragung des Systems, das sie in diese Misere gestürzt hatte, erfordert hätte, sondern gaben sich einem eklatanten falschen Bewusstsein hin, bei dem ein zentraler Vertreter besagten Systems ihnen als Retter-Rächer-Erlöser erschien; und ähnlich wie die populistischen Demagogen des historischen Faschismus verstanden es Trump und seine Leute, sich der Misere dieser »vergessenen« Bevölkerungsteile zu bedienen, um eine in dieser Form bislang ungekannten Wahlkampagne zu führen.

Dabei ließen sich Zorn, falsches Bewusstsein und der reaktionäre Wertekosmos der Klientel aufs Vorzüglichste kulturindustriell instrumentalisieren und verwerten. Man mochte es nicht glauben, aber Trump hatte recht mit seiner Behauptung, dass er »mitten auf der Fifth Avenue jemanden erschießen könnte, ohne Wähler zu verlieren« – er wusste besser als all seine Kritiker, wie tief das Verhalten seiner unzähligen Anhänger vom Ressentiment herrührte, und wie schwer ein Ressentiment zu ändern, geschweige denn, in sein Gegenteiliges umzukehren sei. Auf dieser Grundlage konnte die Show losgehen. Trump konnte sich einer seichten, von sachlichen Inhalten freien Rhetorik bedienen, der Alltagsrhetorik des »kleinen Mannes« eben. Er konnte sich clownesk aufführen wie bei amerikanischen Comedy Shows, der kulturellen Nahrung (nicht nur) seiner Fans. Er konnte sexistisch-misogyne Ungeheuerlichkeiten von sich geben und sich darauf verlassen, dass sie von seinen (nicht nur) männlichen Wählern als Umkleidekabinen-Phrasen abgebucht werden würden. Er konnte unverhohlen Lügen in die Welt setzen, weil diese als Teil der Show angesehen und schon deshalb »geglaubt« wurden. Er konnte sich den populären Gepflogenheiten der Schmutzkampagnen sozialer Medien anpassen, und gerade darin als up to date, gleichsam auf der medialen Höhe der Zeit erscheinen. Kurz, er konnte den Ernst des realen sozialen und politischen Zustands (auch seiner eigenen Klientel) in infantile bzw. infantilisierende Unterhaltung verwandeln – und erwies sich dabei als Meister seines Unterfangens.

Dass er, der Multimilliardär, als Idol der Verarmten und Deklassierten firmieren konnte, hat viel mit deren Projektionen und kulturindustriell geförderten Idealisierung des »amerikanischen Traums« zu tun. Dass seine jubelnden Anhänger selbst keine wirkliche Ahnung haben, was eigentlich gespielt wird (ihre realen Interessen scheren ihr Idol einen Dreck), hat mit jener Verdummung zu tun, auf der Kulturindustrie immer schon basierte und die sie zugleich auch stets zu fördern trachtete. Die im Spätkapitalismus angelegte, im Neoliberalismus zur Perfektion gebrachte Diktatur des Marktes hat mit Trump – quasi als symbolische Individualisierung – die eklatante Verschmelzung von Big Business und Big Government auf den Punkt gebracht. Von selbst versteht sich, dass dies mit der inneren Logik des Kapitalismus aufs engste korrespondiert. Weniger klar dürfte sein, dass in dieser nunmehr mit vermessener Emphase betriebenen Logik die Tendenz zum Faschistischen liegt – jene Unheil verheißende Konstellation aus sozialem Elend, politischer Ohnmacht und autoritärem Gebahren. Ob man aus der Geschichte lernen kann, sei dahingestellt. Aber die Prädispositionen zum geschichtlich Gewordenen sollte man nie aus dem Blick verlieren. Welche Rolle dabei die Kulturindustrie spielt, kann nicht überbewertet werden: Es gibt kaum noch ein soziale, politische und kulturelle Sphäre, die sie nicht (warenförmig) kolonisiert hat. Bei einem US-Präsidenten, der aus dem Big Business kam und sein eigenes Leben in Kategorien der Reality Show begriff, lebte und vermittelte, war die Verschwisterung von Kulturindustrie und Affinität zum Faschismus in welthistorischem Maß auf den Punkt gebracht.

Exkurs: Elitismus

Das Verhältnis zum Begriff des Elitären ist kontrovers. Es kommt darauf an, wie man ihn konnotiert. Er mag zum einen die Auslese der/des Besten im positiven Sinne anzeigen, zum anderen aber den Dünkel jener meinen, »die sich für etwas Besseres halten«, mithin aus ihrem vermeintlichen Bessersein hierarchisierendes Kapital schlagen. Der Umgang mit der Kategorie »Elitismus« bedarf also der Differenzierung. In seinem Aphorismenwerk »Minima Moralia« bezog sich Theodor Adorno auf jene »kultivierte Banausen«, die vom Kunstwerk verlangen, »dass es ihnen etwas gebe«. Wenn es sich um ein avantgardistisches, mithin radikales Werk handelt, zögen sie sich auf die »unverschämt bescheidene Behauptung« zurück, sie verstünden es nicht. »Man sei eben zu dumm, zu altmodisch, man könne einfach nicht mit, und je kleiner man sich macht, um so zuverlässiger partizipiert man am mächtigen Unisono der *vox inhumana populi*, an der richtenden Gewalt des petrifizierten Zeitgeists. Das Unverständliche, von dem niemand etwas hat, wird aus dem aufreizenden Verbrechen zur bemitleidenswerten Narretei.«

Man hat gegen diese Sicht des modernen Kulturfeldes den Vorwurf von »Elitismus« erhoben. Nicht nur verstünde der so argumentierende Adorno nicht, welche subkulturellen Kodes sich den genuinen Rezipienten von Massenkultur in dieser – *ihrer* – Kultur darböten, sondern er maße sich darüber hinaus auch an, sein Verständnis von hoher Kultur den Massen als Maßstab zu setzen, ihnen gleichsam etwas abzuverlangen, dessen sie ihrem realen Dasein nach gar nicht mächtig sein könnten, mithin aber auch gar nicht zu sein *bräuchten.* »Seine« hohe Kultur sei nun mal nicht die ihre. Theoretische Schützenhilfe erhielt diese Kritik am Elitären von postmodernen Ansätzen, die teilweise einem rigorosen Kulturrelativismus das Wort redeten, daher auch jegliche Art vertikaler Hierarchisierung abgebaut wissen wollten. Dass dabei Sprache und Anspruch dieser Kritik am Elitären selbst einen elitären Diskurs reproduzieren, indiziert, dass man sich selbst in der Kritik des Elitären seiner Kategorie nicht entwinden kann. Hierarchien können nur dann umgestürzt werden, wenn man vom Tatbestand der Hierarchie ausgeht. Und wenn man eine solche voraussetzt, ist es stets angeraten, sich darüber Rechenschaft abzulegen, wie es zur Hierarchie gekommen ist: Als Ergebnis von Machtkonstellation, als Resultat eines in der Tat bestehenden Besseren oder gar als (religiöse) Bestrebung nach Höherem? Gefragt sei hier nach dem Begriff des Elitären, das sich moralisierender Kritik dieser Art ausgeliefert sieht.

Ein solcher Begriff basiert auf der Annahme, dass alles, was sich anmaßt, über andere oder anderes gestellt sein zu dürfen, das demokratische Postulat der Gleichheit a priori unterminiere. Dabei werden das Hochgesetzte und die Praxis der Hochsetzung unzulässigerweise miteinander vermengt. Denn insofern sich Anti-Elitisten dem Inhalt und dem Wert des Hochgesetzten widersetzen, geschieht dies oft (mangels Kompetenz der Urteilsfähigkeit) aus Ressentiment – nicht selten aus kulturellem Abscheu vor dem »Anderen« als dem »Unzugänglichen«. Widersetzt man sich aber dem Akt der Hochsetzung als solchem, so gilt dies primär der *Anmaßung* der Überheblichkeit, wobei man dann hierarchisierende Qualitätsunterscheidungen der abstrakten Abweisung jeglicher Hierarchisierung unterwirft. Hierbei muss nun aber zwischen der gesellschaftlichen und der kulturellen Sphäre unterschieden werden. Denn als Forderung gegenüber sozialen Hierarchien darf dies nicht nur für legitim erachtet werden, sondern nachgerade als Essenz dessen, was man sich unter einer egalitären, einer klassenlosen Gesellschaft vorzustellen hat. Anders verhält es sich hingegen bei kulturellen Hierarchien.

Dies bedarf der Erläuterung: Eine wahrhaft egalitäre Gesellschaft versteht sich nicht als soziale Gleichmacherei, die das Individuum in der Abstraktion der übergreifenden Kategorie seiner Zugehörigkeit untergehen lässt. Ganz im Gegenteil meint sie die Herstellung einer gesellschaftlichen Ordnung, in der jedes Individuum sich von jedem anderen unterscheiden darf, ohne dass sein Anderssein ihm Grund zu Angst und Furcht gibt. Was jemanden im Anderssein in Angst zu versetzen vermag, ist soziale Ausgrenzung, Verfolgung und Repression. Daher ist die grundsätzliche Legitimität des Andersseins einzig durch die Schaffung einer Gesellschaftsordnung zu denken, welche die Repression objektiv erübrigt hat. Das übergreifend Gleiche dabei ist der *jedem* Individuum zugesprochene Anspruch auf ein authentisches Leben nach dessen eigenen Bedürfnissen und seinen individuellen Bestrebungen, sich persönlich zu entfalten. In der egalitären Gesellschaft werden also nicht individuelle Unterschiede verwischt, sondern Hierarchien, die das Anderssein zur Quelle repressiver Erfahrung werden lassen, strukturell aufgehoben.

Wie aber verhält es sich mit Hierarchien und Werturteilen im Kunstbereich? Adorno zufolge kann ja das Kunstwerk nicht je eigenen Bedürfnissen ausgesetzt werden, wie obigem Zitat zu entnehmen ist. Dennoch handelt es sich bei den antielitären Attacken auf seine Position um eine demokratisch sich dünkende Kritik. Nicht nur wird die

Arroganz des »von oben« argumentierenden Kulturkritikers angeprangert, sondern die schiere Vorstellung wird in Abrede gestellt, dass es nicht nur nominelle Unterschiede, sondern in der Tat hierarchisierende Maßstäbe für Kultur- bzw. Kunstleistungen geben könne. Affirmativ wird davon ausgegangen, dass das, was Menschen in ihren Lebenswelten kulturell durchleben, als das je Eigene nicht hinterfragbar sei. Man ehrt gewissermaßen die Menschen, indem man ihr Leben – »so, wie es ist« – respektiert. Das Leben selbst wird zwar eingehend anvisiert, jedoch eher im Sinne eines Beschauens von Exotischem. Das authentisch Spezifische erweist sich dabei als Telos einer sich empathisch gerierenden Neugierde. Nun ist freilich nicht alles Authentische in dem von Adorno so benannten »Stande der Unfreiheit« auch erstrebenswert. Das »authentische Leben« in einem degenerierten Slum mag für den Außenstehenden den Reiz authentischer Subkultur, den genuiner Armut ausstrahlen; fraglich gleichwohl, ob es auf den notleidenden Slumbewohner einen ähnlichen Reiz ausübt. Selbst jedoch, wenn dies bejaht werden sollte, sei hier die zusätzliche Frage gewagt, ob man das vom notleidenden Subjekt »angenommene« eigene Schicksal grundsätzlich zu akzeptieren hat, nur weil es von seinem (freilich selten selbst befragten) Träger aus vermeintlich »freiem Willen« ertragen wird? Die Antwort hierauf dürfte sich bei jedem emanzipativ ausgerichteten Gesellschaftsbild von selbst bieten.

Um aber Inhalt und Gehalt des autonomen Kunstwerks beurteilen zu können, bedarf es einer Kompetenz – des von Pierre Bourdieu sogenannten kulturellen Kapitals –, die angeeignet werden muss. Das Kunstwerk spricht nie für sich selbst, sondern muss stets über den unmittelbaren emotiven Impact hinaus dekodiert und interpretiert werden. Dies kann nur mit erlerntem Wissen geleistet werden. Die Wissensaneignung selbst ist freilich dahingehend sozial strukturiert, als Teile der Gesellschaft gar nicht erst die Erfahrung einer Lern- und Aneignungspraxis machen. Dies ist zumeist klassen- und milieubedingt, wobei (Bourdieu zufolge) die durch die Schule scheinbar gegebene formale Chancengleichheit trügt, denn wer mit den Künsten bereits vor der Schulzeit in Berührung gekommen ist, kann erwiesenermaßen mit einem Bildungsvorsprung seinen Klassenkameraden gegenüber rechnen. Geht es also um Erziehung zur Kunst im Sinne der Aneignung von Kunstkompetenz, ist deren Ermöglichung weitgehend gesellschaftlich bestimmt. Daran ändert nichts, dass die reale Zugänglichkeit von Wissenskompetenz sich durch die Entfaltung der digitalen Technologie, mithin der Vermittlung durch soziale Medien von Grund auf verändert hat. Die Bereitschaft, sich dieser Zugänglichkeit der neuen Bildungsmöglichkeit auszusetzen und zu bedienen, ist sozial, mithin eben selbst kulturell vorgeprägt.

Obwohl man also von sozialen Hierarchien der Kunst- und Kultursphären sprechen muss, wird das Postulat der Niederwerfung von Hierarchien und der Gleichheit der Kunstsphären aufrecht erhalten, ja noch prononcierter als je zuvor artikuliert. Es handelt sich hierbei vor allem um die Auswirkung der ideologisch vorbereiteten und technologisch garantierten Demokratisierung und Liberalisierung des Kunstfeldes im Zeitalter der modernen Massengesellschaft, und zwar im Bereich der Kunstproduktion wie auch in dem des Kunstkonsums. Und insofern Adorno noch die Unterscheidung zwischen der warenförmigen Produktion der Kulturindustrie und der authentischen Kunstautonomie vornehmen zu sollen meinte, muss heute konstatiert werden, dass der Siegeszug der Kulturindustrie sich in nahezu allen Lebensbereichen als dermaßen überwältigend erwiesen hat, dass der Elitismus, dessen man Adorno zieh, sich mittlerweile wie eine fahle Polemik aus einer untergegangenen Welt ausnimmt. Elitismus wird nur noch als leeres Schlagwort benutzt – man weiß ja, dass das, was ehedem noch als kulturell-elitär apostrophiert wurde, im realen Stand der gegenwärtigen sozialen (und kulturellen) Verhältnisse längst ausgespielt hat. In einer Gesellschaft, in der eine Celebrity-Kultur von Popidolen, Models, Helden von Reality Shows, Kultfiguren der sozialen Medien und Sportheroen dominiert, allesamt fetischisierte Projektionsflächen der Bedürfnisse eines enthusiasmierten Fan-Publikums – im kapitalistischen Profitdenken perfekt einsetz- und verwertbar –, hat »hohe Kultur« und ihr Anspruch auf ein unhinterfragtes Elitendasein nichts mehr zu bestellen. Der schiere Anspruch, hohe Kultur zu sein, wirkt erbärmlich, wie aus der Zeit gefallen. Eine Welt von gestern dauert fort im Andenken an eine verblichene Glorie.

Von selbst versteht sich, dass eine solche Zeitdiagnose sich dem hohen Stellenwert verdankt, den sie dem breiten Publikum als »Richter« der Kunst beimisst. Positive Rezeption oder rigorose Ablehnung der Kunstwerke werden, wie von Adorno beklagt, auf den subjektiven Geschmack bzw. die leichtfertige »Ohnmacht« des Nichtverstehens reduziert. Wenn man aber die Werkaneignung ernst nimmt und sich der Anstrengung der Beurteilung von Form, Inhalt und Gehalt des Werks unterzieht, also der Immanenz der künstlerischen Materialgestaltung, lässt sich die dezidiert qualitative Unterscheidung von künstlerischen Errungenschaften und einer damit einhergehenden hierarchisierenden Rangzuordnung kaum abweisen. Shakespeare, Rembrandt und Beethoven, um nur drei Ikonen der Kulturgeschichte zu erwähnen, sind eben doch *geniale* Protagonisten ihrer Kunst, und als solche bilden sie zentrale Koordinaten im (westlichen) Kanon der Kultur. Dafür lassen sich werkimmanente Kriterien wie Komplexität, Innovation, Einfallsreichtum, Fantasie und Stil sowie hochwertige Beherrschung von Handwerk und Technik auflisten. Die gehaltliche Bedeutung des Werks spielt in diesem

Zusammenhang zudem eine gewichtige Rolle. Nicht von ungefähr finden sich die großen Meister ihres Bereichs im Kulturkanon. Dagegen wird der Einwand erhoben, dass allein schon die Kanonbildung ihrerseits elitär und das Resultat einer sozial-kulturellen Machtkonstellation sei. Wer sozial und ökonomisch das Sagen habe, bestimmt auch, was in der Kultur zu gelten hat. Und selbst wenn man bei der Kanonbildung auf die Kompetenz von Kritikern verweist, ist nicht selten die (freilich ressentimentgeladene) Frage zu hören, wer diese Kritiker zu ihrem angemaßten Schiedsmonopol überhaupt berufen habe.

So einleuchtend sich solche Einwände ausnehmen mögen, muss darauf hingewiesen werden, dass es sich bei ihnen um kunstheteronome Gegenrede handelt, eher um Kunstsoziologie als um Beurteilung von Kunst als solcher. Sie attackieren entweder gut marxistisch (nicht zuletzt mit Benjamin) den Konnex von sozialer Hierarchie und der ihr unterworfenen Kunstsphäre oder bedienen sich des postmodernen Ansatzes (Foucault), demzufolge jede soziale und kulturelle Erscheinung im Hinblick auf die ihr zugrunde liegende (nicht nur klassenspezifische) Machtkonstellation anvisiert werden müsse, um sie überhaupt dekodieren zu können. Das kunstimmanente, geschweige denn kunstautonome Paradigma lassen sie erst gar nicht zu.

Statt sich auf eine Erörterung dieser heteronomen Einwendungen einzulassen, sei hier zum Abschluss auf die eingangs zitierte Textpassage von Adorno eingegangen. Adorno schreibt: »[...] je kleiner man sich macht, umso zuverlässiger partizipiert man am mächtigen Unisono der *vox inhumana populi*, an der richtenden Gewalt des petrifizierten Zeitgeists.« Adorno geht dabei durchaus von einer Herrschafts- und Machtkonstellation aus. Als Kapitalismuskritiker weiß er um die Wirkmächtigkeit der Kulturindustrie, und zwar nicht nur um die profitgesteuerte Ausbeutung ihrer Konsumenten, sondern auch um die sich durch sie zunehmend verfestigende »Gewalt des petrifizierten Zeitgeists«. In diesem Kontext nun greift er die lateinische Sentenz *vox populi vox dei* auf, um von der *vox inhumana populi* zu sprechen. Die im ursprünglichen Idiom suggerierte Heiligkeit der Sprache des Volkes erfährt bei Adorno eine bemerkenswerte Metamorphose: Volkes Stimme wird als *unmenschlich* apostrophiert. Aber im Gegensatz zu dem an Adorno gerichteten Vorwurf des die Masse (»das Volk«) verachtenden Elitismus ist es ihm gerade darum zu tun, auf die Entmenschlichung des Menschen, auf dessen systematisch betriebene Entfremdung und Verdinglichung hinzuweisen. Adorno erkennt, welch verheerende Wirkung das kapitalistische System auf den Menschen hat, und fragt sich immer wieder, wie die horrende, nicht zuletzt im Faschismus und in Auschwitz mündende verdinglichte Entfremdung des Menschen zu überwinden sei. Und insofern die Kunst für ihn eine emanzipatorische Verheißung in sich birgt, gilt ihm die Kulturindustrie als eines der gefährlichen kapitalistischen Mechanismen der Zunichtemachung eben dieses emanzipativen Versprechens. Adorno ist bestrebt, alle Menschen an dem, was Kunst dem Menschen zu sein hätte, teilhaben zu lassen. Alle Menschen sollen Elite werden, damit Elitedenken sich objektiv erübrige. Und solange dies nicht eingetreten ist, muss »Elitismus« als ein das schlecht Bestehende Konterkarierendes erhalten werden – als regulative Idee.

Tod eines Sängers

Die im vorigen Kapitel thematisierte Fetischisierung des Popidols sei hier anhand eines Fallbeispiels aus Israel dargestellt und analysiert. Dabei stellt sich heraus, dass die Anhimmelung des Angebeteten mehr kodiert als nur die Begeisterung für seine Kulturleistung. Soziales und Ethnisches schleichen sich in die Glorifizierung ein. Außerkünstlerische Konstellationen prägen das Verhältnis zum Bewunderten. Das Idol erweist sich als Projektionsfläche zur Befriedigung fremdbestimmter Bedürfnisse. Ressentiment feiert zuweilen Urständ.

Am 26.11.2013 starb in einem Tel-Aviver Krankenhaus der israelische Sänger (und Schauspieler) Arik Einstein. Die unmittelbare Nachricht darüber in einer populären Online-Zeitung lautete: »Israel neigt sein Haupt: Arik Einstein, einer der größten israelischen Sänger aller Zeiten, dessen Lieder großteils zum nationalen Kulturgut des hebräischen Gesangs geworden sind, ist im Alter von 74 Jahren gestorben, nachdem er in schwerem Zustand wegen eines Aortenaneurysmas ins Krankenhaus gekommen war.« Die geschockten Reaktionen der israelischen Kunst- und Unterhaltungsprominenz überschlugen sich. Der Schauspieler Haim Topol erklärte: »Es gibt keinen Ersatz für ihn.« Der Sänger Israel Gurion verkündete: »Ein Riesenmensch. Unser Frank Sinatra.« Aviv Gefen, Vertreter einer jüngeren Generation israelischer Popcelebrities, stellte fest: »Ein großer Verlust des besten Performers in der israelischen Geschichte.« Und Yaakov Mandel, Vorsitzender der IAI (Vereinigung israelischer Künstler), verstieg sich zur Proklamation: »In großer Ergriffenheit rufe ich in dieser Stunde die Entscheidungsgremien dazu auf, [Arik] Einstein den Israel-Preis zu verleihen und sein Andenken in gebührender Weise zu verewigen.« Angekündigt wurde darüber hinaus, dass der Sarg auf dem Rabin-Platz, einem der bedeutendsten öffentlichen Orte Tel-Avivs, aufgestellt würde, um dann im alten Trumpeldor-Friedhof, wo historische Größen der israelischen Kultur begraben liegen, bestattet zu werden.

In der Tat darf die fast 60 Jahre währende Künstlerlaufbahn Arik Einsteins als zutiefst israelisch angesehen werden. Nicht nur, weil sie sich mit dem Alter des Staates Israel nahezu deckt, mithin alle seine kulturellen Phasen durchlaufen hat, sondern weil er – besonders in seinem Gesang, aber auch mit seiner komödiantisch geprägten Schauspielkunst – die musikalische Musik- und Unterhaltungskultur sowohl bewahrend erhielt als auch erneuernd aufhob bzw. mit innovativen Impulsen anreicherte und teilweise von Grund auf umgestaltete. Das geht über Status und Funktion deutschsprachiger Popgrößen wie etwa Udo Jürgens, Udo Lindenberg oder Herbert Grönemeyer weit hinaus. Denn niemand würde sich einfallen lassen, diese Sänger bei all ihrer Popularität zu *nationalen* Ikonen zu erheben, was wohl mit einer (letztlich negativ konnotierten) Matrix des Nationalen in Deutschland und Österreich zu tun hat, vor allem aber damit, dass in Israels Alltagskultur das Gesellschaftliche stets ins Gemeinschaftliche ideologisch umschlägt, und zwar nicht nur in Krisenmomenten der Gefahr. Es wirken hier noch jüdische Verfolgungsgeschichte und Ghettomentalität nach, man wird gleichsam durch ein kollektives Gefühlsgemisch aus fundamentaler Einsamkeit »der Welt« gegenüber und einem archaischen Pathos der

Auserwähltheit ex negativo zusammengeschweißt. Bedrohliche Krisen amplifizieren solche ad-hoc-Vergemeinschaftungsprozesse, wobei die Bedrohung eine von außen kommende reale sein kann (Krieg) oder eine durch die mögliche Auflösung des Gemeinschaftskitts selbst ausgelöste Bedrohung, in welchem Fall die übersteigerte Ikonisierung des bereits ohnehin Ikonischen, seine maßlose Überhöhung folgt.

Auf besagte Online-Nachricht über Arik Einsteins Tod reagierten über 1 600 Leser und Leserinnen. Das Ausmaß der in ihnen enthaltenen individuellen wie kollektiven Gefühlswallungen lässt sich hier nicht umfassend beschreiben. Stattdessen seien einige »thematischen« Codes aufgelistet. Über erwartbare Schmerz- und Trauerbekundungen hinaus (»Dieses Hanukkah-Fest wird finster sein«; »Ein Künstler dieser Größe – das ganze Volk neigt sein Haupt«; »Ein schwerer und trauriger Tag für uns alle«; »Ich fühlte, als erodierte der Boden unter meinen Beinen« etc.) wurde Einsteins Status als angehimmeltes Idol sogleich proklamiert und verfestigt: »Warum nimmt uns Gott nur die Herausragenden unter den Herausragenden?«, fragte jemand; als »Modell zur Nachahmung« und »Mein König« wurde er apostrophiert; vom »Höchstgewürdigten und -geliebten des Volkes in allen Zeiten« war die Rede, und wiederum andere trösteten sich wie folgt: »Arik weilt nicht mehr unter uns, aber seine Lieder werden in alle Ewigkeit weiterbestehen, auch nachdem wir nicht mehr da sein werden«; bezeichnend auch die Feststellung: »[Er war] der vernünftigste Sänger, den es hier jemals gegeben hat, der israelischste unter ihnen, der menschlichste.«

Die Auslegung dessen, was Arik Einstein zum »israelischsten« aller israelischen Performer gemacht hat, hatte zwar in den Augen seiner Anhänger gewiss mit seinem außergewöhnlichen künstlerischen Können zu tun (»Traurig und schwer zu verdauen – der nationale Sänger [ist gestorben]«; »Ein Riesensänger. Sein Tod ist ein großer Verlust für das Volk Israel«), aber schon in der Verbindung zwischen dem Persönlichen und Kollektiven kündigt sich etwas anderes an: »Der Familie Einstein und dem Volk Israel sei der Trost des Himmels beschieden«, eine Pathosformel, deren eigentlicher Subtext in der folgenden Beschwörung zutage tritt: »Ein Riesensänger. Vielleicht hört ihr dann wenigstens einen Tag lang auf, Gift zu verspritzen.«

Was in der Verwendung der Gift-Metapher kodiert ist, lässt sich erst ermessen, wenn man begreift, was alles auf den angehimmelten Sänger im Moment der Wahrnehmung seines Verlustes projiziert wurde: »Die Krone unseres Hauptes ist gefallen«; »Dank dir für alles, was du gemacht hast, und uns warst«; »Sei beglückt, eine ganze Generation geprägt zu haben«; »Soundtrack des Lebens dreier Genrationen«; »Noch ein Zweig aus der Landschaft der Kindheit ist gefallen«; »Eine vergehende Generation«; »Gegangen ist der, den alle verinnerlicht haben«; auch momentane Überspanntheiten wie »Nietzsche sagte vor langer Zeit, dass Gott tot sei. Aber eigentlich ist er erst heute gestorben«, waren zu lesen.

Arik Einstein war also offenbar das, was man im Amerikanischen als »cultural heroe« zu apostrophieren pflegt. Die Klärung dessen, wie ein »Kulturheld« entsteht, erfordert allerdings die Beantwortung einiger präliminärer Fragen: Wieso reden wir über »Helden« im Kulturbereich? Von wessen »Helden« ist da die Rede? Wem gegenüber sind sie »Helden«? Wen haben diese »Helden« besiegt? Und wozu braucht man sie überhaupt? Angemerkt sei zunächst: Der »Kulturheld« ist ein Erzeugnis der bürgerlichen Gesellschaft. Die Demokratisierung und Liberalisierung allen Kulturschaffens und Kulturkonsums, die die historische Herausbildung dieser Gesellschaft seit dem 18. Jahrhundert begleiteten, waren von Widersprüchen durchsetzt: Einerseits die emanzipative Sicht des Menschen als

Individuum, als privater Bürger mit angeborenen Rechten, mithin als autonomes Subjekt; andererseits die Integration des Einzelmenschen in ein umfassendes sozial-ökonomisches System, seine Wandlung zum »kleinen Mann« und austauschbaren Exemplar einer anonymen Massengesellschaft. Einerseits die Öffnung der Kultursphäre für »alle«; andererseits die ideologische Trennung der »hohen« von der »niedrigen« Kultur, die gesteigerte Unzugänglichkeit »hoher« Kultur für breite Teile der Bevölkerung und die damit einhergehende Entstehung einer industriellen, leicht konsumierbaren, tendenziell kommerziellen Massenkultur. Dieselbe Gesellschaft also, welche die historischen Bedingungen für die Individualisierung des Menschen im Sinne seiner realen Befreiung von traditionellen Fesseln schuf und seine Entwicklung zum emanzipierten Subjekt zu verwirklichen beanspruchte, war auch die Gesellschaft, die aus derselben Strukturlogik die politischen, sozialen und ökonomischen Apparate produzierte, die das Individuum seiner Individualität beraubten, seine Autonomie einengten und es in die Entfremdung trieben.

Je zweckrationaler sich die moderne Welt nach und nach gestaltete und »entzaubert« wurde, und je mehr sich mittlerweile herausstellt, dass die durchgreifende Säkularisierung der Gesellschaft und die Verabschiedung der chimärenhaften Gewissheiten prämoderner Zeiten die angestrebte Emanzipation nicht zwangsläufig zeitigen, sondern vielmehr zur sozialen Kälte, Einsamkeit und Entfremdung gerinnen, steigt das drängende Bedürfnis nach neuen »herzerwärmenden« Mythen, nach Ersatz für eine (wie immer falsche) abhandengekommene Identität. Vor diesem Hintergrund erwächst der »Kulturheld« als Identifikationsfigur, mithin als Projektionsfläche für Begierden, Wünsche und Träume, die sich im realen Leben vieler kaum je verwirklichen lassen. Je mehr die individuelle Realität sich vor der Übermacht der ideologisch verwalteten und kontrollierten gesellschaftlichen Struktur als ohnmächtig erweist, desto mächtiger wird die Gestalt des »Helden«, steigert sich seine charismatische Anziehungskraft – und gibt sich sein Bewunderer ihm in grenzenloser Anbetung hin.

Mehr also, als dass der »Held« die Kultur erzeugt, deren Held er vermeintlich ist, wird er selbst durch die ihn anbetenden Massen erzeugt. In der Tat ist das die Bedingung für die Entstehung des »Kulturhelden« auch in einem anderen konstitutiven Aspekt seiner Heraufkunft: Der »Kulturheld« wird stets anhand der ökonomischen Interessen derer, die ihn institutionell fördern, geformt; im modernen Zeitalter – besonders im Zeitalter der Massenmedien – ist die Kommerzialität des »Kulturhelden« notwendige Bedingung für sein Überleben als solcher. Quoten, Charts und Ratings sind, so besehen, sowohl Spiegel der Verdinglichung unerfüllter Bedürfnisse der Massen als auch Maßstab für die übrig gebliebene Luft im modisch-konjunkturell aufgeblähten Ballon des »Kulturhelden«. Angemerkt sei gleichwohl, dass es »Kulturhelden« auch in der Sphäre der »hohen« Kultur gibt: Die für Shakespeare, Rembrandt oder Beethoven gehegte Bewunderung ist allseits anerkannt. Der Unterschied zur Anbetung im Bereich des »Niedrigen« dürfte sich von selbst verstehen. Von größerem Interesse ist indes das Gemeinsame beider Anbetungsmuster: Beide bergen in sich ein fetischistisches Element der Anhimmelung der äußeren Schale, des sozialen Prestiges sowie des Tauschwerts des Angebeteten. Der Unterschied zwischen der Anbetung Beethovens, »weil er ein Genie war«, und der Bewunderung des TV-Showmasters, »weil er die besten Quoten aufweist«, ist weniger groß, als man annehmen möchte.

Zurück zu den Digitalreaktionen auf die Nachricht vom Tode des »Kulturhelden« Arik Einstein. Eine von ihnen lautete schlicht: »Arik Einstein war der *wahre* König.« In den Sinn kommt die bekannte Apostrophierung Elvis Presleys als »The King«, womit seinerzeit festgenagelt werden sollte, wer als die absolute Größe des Rock and Roll – inneramerikanisch, aber letztlich weltweit – zu gelten habe: eine typische Fan-Nomenklatur, bei der die Gewichtigkeit der eigenen Anhängerschaft sich an der Schaffung scheinbar messbarer Bedeutungs- und Dominanzhierarchien festmacht. Was aber hatte es mit der Hervorhebung auf sich, dass Einstein der »*wahre* König« gewesen sei? Um dies zu klären, muss ein anderer israelischer »Kulturheld«, Eyal Golan, ins Spiel gebracht werden. Eyal Golan darf als der unbestrittene »König« des in Israel zur Populärkultur-Hegemonie avancierten *orientalischen* Popgesangs gelten. Es handelt sich dabei um Popsongs, die sich in Gesangsduktus und Textinhalten »orientalischer« Stil- und Ausdrucksmittel bedienen. Da sie nun aber kulturindustriell besonders scharf zugerichtet sind, gelten sie als klischiert, stereotyp, vor allem aber, was die Texte anbelangt, als unabweisbar seicht. Zugleich heben sich die Performer in diesem Genre zumeist durch eine besondere (oft natürliche) stimmliche Qualität hervor. Eyal Golan brachte es in diesem Kulturbereich zu mächtigem kommerziellen Erfolg und durfte sich über Jahre einer euphorisierten Popularität erfreuen. Bis er im Jahre 2013 zum Gegenstand eines Rieseneklats wurde, als sich herausstellte, dass er mit minderjährigen Anhängerinnen Geschlechtsverkehr betrieben hatte, wobei es um regelmäßige, von seinem Umfeld organisierte Sex-Feten (unter Einbeziehung seines Vaters) ging. Auch Steuerhinterziehung größeren Ausmaßes wurde ihm nachgesagt. Der Skandal platzte in den Wochen vor Arik Einsteins Tod, und so drängte sich der Vergleich zwischen beiden »Kulturhelden« gleichsam von selbst auf, obgleich sie verschiedenen Generationen entstammten, unterschiedliches Repertoire anboten, vor allem aber sich in gänzlich unterschiedlichen Phasen ihrer Karrieren befanden. Der antagonistische Vergleich speiste sich primär aus dem schlichten Umstand, dass Einstein aschkenasischer, Golan hingegen orientalischer Provenienz war (bzw. ist).

»Arik Einstein gehört nur uns, und nur wir verstehen (ihn)«, hieß es dezidiert in einem der Posts; er, einzig er sei »König des israelischen hebräischen Gesangs«, in einem weiteren. Mit Bezug auf Einsteins bescheidene Lebenshaltung und Golans neureich-protziges Verhalten wurde der Vergleich aber auch in voller Ressentimentgeladenheit angesprochen: »Eyal Golan, lass dir demütiges Verhalten von einem wertvollen, bescheidenen Menschen beibringen«, mahnte einer an. Andere drückten sich robuster aus: »Geblieben sind wir mit den primitiven Sängern, die Minderjährige besteigen und Steuern hinterziehen«; »Geblieben sind wir mit den Sängern und der Kultur der Schwarzen und der Primitivlinge«. Einer verstieg sich gar zur Frage: »Warum hat Gott Arik Einstein genommen und uns Eyal Golan überlassen, und nicht umgekehrt?« (was mit einem »Schäm dich« sowie der Mahnung »Das ist gewiss nicht, was Arik sehen wollte. Bitte nimm das zurück« quittiert wurde). Gottes Entscheid wurde an anderer Stelle erörtert: »Er hat genügend Primitivlinge da oben, daher suchte er Qualität«, was wiederum zu ungehaltenen Reaktionen führte: »Ich verstehe nicht diese rassistischen Reaktionen« und »Ich bin entsetzt von den Auslassungen hier. Was sollen diese ethnischen Ressentiments? Schämt euch!«

Der wohlmeinend-indigniert gestellten Frage über die ethnischen Ressentiments darf man, bei aller möglichen Zustimmung, eine gewisse Scheinheiligkeit beimessen. Denn es ist kein Geheimnis, dass die israelische Gesellschaft von einem gravierenden, gleichwohl über Jahre heruntergespielten ethnischen Moment durchwirkt ist. Der historische Hintergrund dürfte bekannt sein: Der zionistische Staatsgedanke, ob in seiner liberal-bürgerlichen Version deutscher bzw. österreichischer Provenienz oder in seiner sozialistischen Ausprägung, die sich in Osteuropa herausgebildet hatte, war im Kern den europäischen Nationalstaatsbildungen und den mit diesen einhergehenden nationalen Befreiungsbewegungen verpflichtet. Nicht nur verstand er sich (zumindest formell) als säkular in seiner Ausrichtung und westlich-modern in der angepeilten Herrschaftsform, sondern die Träger jenes Gedankens an der Wende vom 19. zum 20. Jahrhundert hatten vor allem das Bild des europäischen Juden vor Augen, wenn sie an die im jüdischen Staat künftig zu errichtende Gesellschaft dachten. Die orientalischen Juden traten kaum in ihr Blickfeld; ihre Rezeption in der prästaatlichen Ära Israels zeichnete sich denn durch eine eher exotisch-romantisierende (zuweilen mit dem »biblischen Ursprung« assoziierte) Einfärbung der orientalisch-fremd anmutenden Gestalten, die allerdings noch keinen gravierenden sozialen Faktor in der sich allmählich herausbildenden jüdischen Gemeinschaft in Palästina darstellten.

Die Situation änderte sich dramatisch mit der israelischen Staatsgründung im Jahre 1948, als sich infolge des Krieges die demographische Situation einer aus etwa 600 000 im neuen Staat lebenden Juden und ca. 150 000 nach Vertreibung und Flucht gebliebenen palästinensischen Arabern zusammengesetzten Gesellschaft ergab. Nicht von ungefähr wurde alsbald ein vom Staat organisierter massiver »Import« von (wie immer zionistisch motivierten) Juden nach Israel gestartet. Da aber ein Großteil des europäischen Judentums im Holocaust vernichtet worden war (von den Überlebenden zudem beträchtliche Teile nicht nach Israel wollten), wurde eine intensive zionistische Tätigkeit unter Juden in arabischen Ländern betrieben, die im ersten Jahrzehnt nach der Staatsgründung zu drei großen Einwanderungswellen führte: die Immigration der jemenitischen, der irakischen und der marokkanischen Juden. Innerhalb einer Dekade verdreifachte sich die Zahl der in Israel lebenden Juden und stieg auf 1,8 Millionen an.

Die diversen orientalischen Einwanderungsgruppen unterschieden sich in ihrer Bildung und Ausbildung, in ihren sozial-ökonomischen Prädispositionen und ihren lebensweltlichen Praktiken und Gewohnheiten. Die Händler aus dem Bagdader jüdischen Bürgertum wie denn auch die irakisch-jüdischen Kommunisten, die ins Land kamen, zeichneten sich durch ganz andere soziale, politische und wirtschaftliche Erfahrungen und entsprechende Aspirationen aus als etwa die aus dem Atlas-Gebirge und anderen wirtschaftlich zurückgebliebenen Gebieten stammenden marokkanischen Juden mit eher landwirtschaftlichen Traditionen. Und doch kann pauschal behauptet werden, dass die ethnische Unterteilung der jüdisch-israelischen Gesellschaft in aschkenasisch und orientalisch (die arabische Bevölkerung Israels soll hier unerörtert bleiben) eine klare sozial-ökonomische Dimension aufweist: Während sich die oberen Gesellschaftsschichten zum größten Teil aus aschkenasischen Juden zusammensetzen, sind die unteren fast ausschließlich von orientalischen Juden bevölkert. Nicht nur ergab sich daraus über Jahrzehnte eine objektiv wirkende wirtschaftliche Unterprivilegierung sozialer Gruppen orientalischer Provenienz, sondern die israelischen Eliten in den Bereichen der Wissenschaft, der Justiz, des Militärs, der Politik, der Ökonomie und der Kultur blieben ihnen weitgehend versperrt. Es ging dabei weder um formelle Verordnungen noch um hermetische Undurchlässigkeiten, vielmehr eben um das, was gewöhnlich die *Hegemonie* einer sozialen Gruppe ausmacht.

Symptomatisch war die Reaktion der aschkenasischen Ministerpräsidentin Golda Meir zu Beginn der 1970er Jahre, die den sozialen Aufstand der vor allem in den Jerusalemer Slums aufgewachsenen jungen orientalischen Juden mit dem arroganten Bescheid quittierte, sie seien »nicht nett«. Die fehlende Sensibilität der Politikerin für die Belange der sozialen Gerechtigkeit einklagenden orientalischen Jugendlichen korrespondierte deutlich mit einer die israelische Gesellschaft zwar nicht durchgängig, doch unverkennbar durchwirkenden Überheblichkeit aschkenasischer Juden orientalischen Juden gegenüber.

Dieser sich auf die Gesellschaftsstruktur auswirkenden ethnischen Tendenz galt eine Mitte der 1980er Jahre einsetzende Gegenbewegung. Zum einen trat eine gut ausgebildete, begrifflich wie theoretisch versierte orientalische kritische Intelligenz in Israels öffentliche Sphäre ein, welche die Herrschafts- und Machtverhältnisse im Bereich der Kultur, der Wirtschaft und der Politik radikal zu hinterfragen begann, wobei sie zunehmend das gesamte zionistische Projekt als westlich-aschkenasisch, mithin repressiv bezeichnete. Zum anderen wurde die Shas-Partei gegründet, eine politische Institution, welche als Interessenvertreterin einer religiös-orthodoxen, orientalischen und sozial unterbemittelten Klientel auftrat, deren ethnische Einfärbung zum Programm erhoben wurde. Dabei wirkten sich gegensätzliche, teils widersprüchliche politische und kulturelle Kodes im Selbstverständnis der Partei aus. Zwar ist sie (im Gegensatz zu den traditionellen aschkenasischen orthodoxen Parteien) bestrebt, Machtpositionen in der Politik auf ministerialer Ebene zu erobern, aber sie versteht sich als nicht- (wenn auch nicht gerade rigoros anti-) zionistisch. Ihr geistiger Führer, Rabbiner Ovadia Joseph, hing zu Lebzeiten in außenpolitischen Fragen eher moderaten, friedensmotivierten Anschauungen an, wohingegen ein Großteil seiner Parteianhänger nationalistisch, zum Teil deutlich araberfeindlich eingestellt ist. Das soziale und ökonomische Netzwerk, das die Partei für ihre Klientel gebildet hat, wird vom Staat finanziert, versteht sich aber, zumindest in kulturellen bzw. erzieherischen Belangen, als autonom. Dass dabei mit diesem Netzwerk der Armutszirkel, in welchem sich die meisten Parteianhänger befinden, mitnichten durchbrochen wird, wird nicht zum Politikum erhoben. Autoritäre Muster und Strukturen wirken sich denn auch deutlich auf den Zusammenhalt der politischen Organisation aus. Getragen freilich wird die Bewegung vor allem durch das allen inneren Gruppierungen innerhalb der Partei gemeinsame religiöse Moment sowie – nicht minder brisant – das ethnische Ressentiment.

Als Ovadia Joseph im Jahr 2000 behauptete, die Holocaust-Opfer des europäischen Judentums seien alle »wiedergeborene Sünder« gewesen, vermengten sich beide Momente zu einem einheitlichen Kode: Nicht nur wiederholte der Rabbiner in seiner Feststellung eine Denkfigur der religiös-orthodoxen Auseinandersetzung mit dem Holocaust, der zufolge der Holocaust als Gottes Bestrafung des jüdischen Volkes für begangene Sünden zu deuten sei, sondern er ließ auch mutatis mutandis eine latente ethnische Komponente in seine Aussage einfließen. Denn wenn die Shoah nahezu ausschließlich aschkenasischen Juden widerfuhr, diese aber als »wiedergeborene Sünder« apostrophiert werden, dann heißt es auch, dass *aschkenasische* Juden die Sünde in sich trügen und – bei konsequenter Auslegung der Behauptung – ihre Strafe zurecht erhalten hätten. Es gab selbstverständlich den sofortigen obligatorischen Aufschrei in Israel, und der Rabbiner verwandelte flugs die »wiedergeborenen Sünder« in »Heilige«. Gleichwohl sollte man sich nicht darüber hinwegtäuschen: Es ging hier um eine ethnische Kodierung des israelischen Holocaust-Diskurses, welche *so* noch vor wenigen Jahrzehnten unmöglich gewesen wäre, aber die neuen, in der israelischen politischen Sphäre vorherrschenden Machtverhältnisse indiziert.

Israel durchläuft in den letzten Jahren die Phase einer massiven Umstrukturierung der vom traditionellen Zionismus etablierten Herrschaftsverhältnisse, gesellschaftlichen Praktiken und kulturellen Konventionen. Dass dabei das Religiöse zum Hebel »legitimer« Machtkämpfe avanciert ist, mag etwas mit dem innerjüdischen, schon in der Ideologie des klassischen Zionismus latent angelegten »Kulturkampf« zu tun haben. Dass das Ethnische so in den Vordergrund treten kann, wurzelt, wie gesagt, strukturell in der Vorgeschichte des zionistischen Staates, zeichnet sich heute aber eindeutig durch seinen ideologischen Charakter aus. Denn nicht nur trägt das Ressentiment dazu bei, vom wahren – sozialökonomisch sich auswirkenden – Faktor der Diskriminierung abzulenken, sondern es ist auch das denkbar schlechteste Mittel, die die israelische Gesellschaft beutelnden Probleme und Konflikte, von denen das ethnische nicht das geringste ist, rational anzugehen.

So besehen, kodiert sich in der antagonistischen Gegenüberstellung von Arik Einstein und Eyal Golan ein Grundfaktor der die israelische Gesellschaft durchwirkenden strukturellen Widersprüche. Was auf die Ebene der symbolischen Ordnung gehievt worden ist, bezieht sich auf den Wahrheitskern eines realen sozialen Konflikts. Einsteins »Kulturheld«-Figur symbolisierte für viele zum einen das allgemeine Kollektivisraelische, wobei freilich in dieser Vorstellung das Aschkenasische, westlich Liberale, zugleich aber im »guten alten Israel« Verwurzelte dahingehend ideologisiert wurde, als partikulare Attribute für ein Allgemeines ausgegeben wurden. Wenn sich etwa das jüdische Israel orientalischer Provenienz als religiös bzw. religiös-traditionell versteht und habituell verhält, ist die für viele aschkenasischen Juden zum Selbstverständnis geronnene Säkularität ein Gegenpol dazu. So ist zu verstehen, dass eine der digitalen Reaktionen auf Einsteins Tod lautete: »Der Mann verstand es, vor dem Spiegel zu stehen, und verkaufte sich nicht an die Religion«, und eine andere zu beklagen wusste: »Heute gibt es in Israel mehr Anhänger Ovadia (Josephs) als Anhänger Einsteins.« Was also an Einsteins Tod betrauert wurde, hatte wohl mit der Liebenswürdigkeit des Individuums Einstein zu tun, viel mehr aber auch mit dem Gefühl, dass mit ihm eine symbolische

Ordnung, die ihrerseits die Realität der israelischen Zerrissenheit repräsentiert, untergeht. Einsteins Betrauerung als Stellvertreter des »guten alten Israel« war im Grunde jenem Grundgefühl vieler Israelis der Staatsgründungsgeneration verschwistert, dass man ihnen »den Staat gestohlen« habe. So fundamental war dieser über die Person Arik Einsteins hinausgehende Schock, so tiefgreifend die bekundete Trauer, dass man sich sogar zum Vergleich mit Schock und Trauer über den im Jahre 1995 ermordeten israelischen Premierminister Yitzhak Rabin verstieg. »Traurig, traurig, traurig. Es versetzt mich zurück in die Trauer um Yitzhak Rabin!«, hieß es in einem Post. »Schalom Chawer (Schalom Freund)«, zitierte jemand die Abschiedsworte Bill Clintons am Grabe Rabins. Ein anderer bediente sich der gleichen Parole: »Ein großer Verlust für den Staat Israel. Schalom Chawer, wir werden dich nie vergessen«; und aus gleichem Geiste: »Schalom Chawer. Unser Land ist heute um einiges weniger gut ohne dich.«

Arik Einsteins Gesangsoeuvre darf als Spiegelbild eines Großteils des populär-musikalischen Kulturpanoramas Israels gelten. Dabei trat Einstein sowohl als klassischer Interpret des sogenannten »hebräischen Gesangs« auf (einer Mischung aus Song und Kunstlied im Textlichen wie in der Vertonung) als auch als Vorreiter der avancierten israelischen Pop- und Rockmusik in den 1960er und -70er Jahren. Er war nicht nur beliebter Popstar, der sich frühzeitig aus dem Poprummel zurückzog, sondern auch Ikone der israelischen Kulturhegemonie, kulturelles Aushängeschild und Projektionsfläche fürs Selbstverständnis und Wunschdenken eines Israels, das es zwar noch als Ideologie, längst aber nicht mehr als gesamtgesellschaftliche Realität gibt, im Grunde auch nie gegeben hat. Die Trauer um seinen Tod, den Tod eines Sängers, kodierte ein letztes Aufbäumen einer im Untergang befindlichen nationalen Chimäre.

Epilog

Kitsch ist ein schwer festlegbarer Begriff. Man weiß ungefähr, was er meint, kommt ihm aber kaum je mit einer allgemeingültigen Definition bei. Dabei haben sich viele Autoren mit dem Phänomen des Kitschs befasst. Zwar ist das Verhältnis zu ihm bei nahezu allen negativ gefärbt, aber das eigentlich Pejorative an seiner Erscheinung entgleitet einem, sobald man versucht, sich seiner mit Beispielen habhaft zu werden. Und so lässt sich sagen: Die entschiedenen Kritiker des Kitschs mögen sich das Diktum Hermann Brochs, der die wohl rigoroseste Kitschkritik im 20. Jahrhundert verfasst hat, zu Herzen nehmen, er selbst sei nicht gegen den Kitsch gefeit. Diejenigen, die darin eine Rechtfertigung für ihre Affinität zum Kitsch sehen können, mögen seinen Text lesen.

Umberto Ecos Anschauung, wonach sich der Kitsch als eine Art Prätention erweise – sich für autonome Kunst auszugeben, obwohl er in heteronomen Zusammenhängen erscheint, die den Kitschakt als das dem Anspruch Unangemessene entlarven –, trifft die Sache und ist doch zugleich problematisch. Sie trifft die Sache, weil sie auf die autonome Kunst als Quelle des Kitschs verweist und nicht auf irgendeine von dieser abgetrennten Sphäre der Kunstpraxis. Sie ist gleichwohl problematisch, weil sie den *Zusammenhang* zum Kriterium der Bestimmung des Heteronomen erhebt. Nicht, dass das Heteronome durch etwas anderes als durch das, was sich außerhalb des autonomen Geltungsbereichs befindet, also durch den Zusammenhang, bestimmt werden könnte. Und doch erhebt sich die Frage: Worüber sonst noch ließe sich sagen, dass es sich nicht in diesem oder jenem Maß durch seinen Zusammenhang bestimme? Eco meinte eine gewisse Art von Heteronomie: ein Gemälde von Kandinsky als Muster für den Bezug eines Sofas zum Beispiel. Wenn dieser bestimmte Kontext den Rest der Aura von Kandinskys Werk tötet, sodass sogar das geringste Aufscheinen dessen, was es ursprünglich war, unmöglich wird, dann hat Eco recht. Aber wenn er recht hat – bewirken nicht die rasante Globalisierung der Kulturindustrie und ihr unaufhaltsames Eindringen sogar in die entlegensten Nischen des Lebens, dass die Welt insgesamt zu einem einzigen Kitschzusammenhang wird?

Ein erlebtes Beispiel: Im WC eines Landhotels in England, einem kleinen Raum, dessen Wände mit blumigen Tapeten bedeckt sind, hängt eine Reproduktion der »Mona Lisa«. Die Farben des Bildes sind verblasst und haben sich in eine braun-grünliche Soße verwandelt, ein monochromes Gemisch, das den prächtigen Rahmen der Reproduktion Lügen straft. Der WC-Benutzer fragt sich, was wohl die Quelle jenes mächtigen Kitschgefühls sein mag, welches ihn unweigerlich erfasst, sobald er den Raum betritt: das Kunstwerk an diesem bestimmten Ort? Die schlechte Reproduktion im prachtvollen Rahmen? Oder etwa die das Bild bedeckende grüne Färbung, die die Ursprungsfarben in skandalöser Weise entstellt? Vielleicht ist es aber auch keines von diesen; vielleicht ist das Kitschgefühl an sich unangebracht? Man denke nur an die Möglichkeit, dass jemand vom Kaliber eines Marcel Duchamp die frivol augenzwinkernde Schrecklichkeit veranstaltet hat. Kitsch also als ein subversiver Akt, wie er von Jeff Koons sogar zu einer Art Kunstmanifest erhoben und materiell verwirklicht worden ist.

Nun, Jeff Koons ist (kommerziell) erfolgreich, und das an sich mag ihm schon als Nachteil angekreidet werden. Es ist aber nicht wahr, dass die Popularität eines Werks (auch nicht, dass es zum »Hit« avanciert ist) notwendig seine Minderwertigkeit indiziert, weil es vermeintlich den Publikumsgeschmack bediene. Viele, ganz unterschiedliche Gründe können die wohlwollende Aufnahme eines Kunstwerks beeinflussen. Das breite Publikum mag die volle Komplexität des Werks, seine verschlungenen Schichten und angedeuteten Raffinessen nicht erfasst haben, sondern nur seine äußeren, leichter zugänglichen und verdaubaren Elemente. Die Aura vergangener positiver Rezeption mag die Tradition kanonisierter, mithin unanfechtbarer Begeisterung in Gang gesetzt haben – eine zwar heteronome, zugleich aber auch suggestive Aufnahme, welche die Begeisterung stets aufs Neue befeuert. Nicht auszuschließen ist zudem, dass sich das manipulative Vermarktungssystem des Werks immer wieder effektiv auswirkt. Es kann aber auch sein, dass das Publikum im Laufe der Zeit einfach gelernt hat, das Werk aufgrund längerer, intensiver und »intimer« Berührung mit ihm zu schätzen. Das will freilich nicht besagen, dass die Popularität des Werks nicht werkimmanenten, mit dem Publikum liebäugelnden Elementen, die sich aus instrumenteller Materialanordnung und einer mit dieser einhergehenden Effekthascherei ergeben, geschuldet ist. Nur lässt sich daraus nicht schließen, dass sich diese Popularität notwendig vom Werkinnern ableitet. Und dennoch kann man sich einer anderen Gefahr, der die populären Werke ausgesetzt sind, nicht verschließen, und zwar selbst dann, wenn die Werke diese durch Form und Inhalt *nicht* provozieren: ihrer unabwendbaren, durch permanente Anwesenheit in der Kultursphäre wie auch durch die zu häufige Aufführung, die sich dem penetranten Willen des sie immerfort würgend-liebenden Publikums verdankt, hervorgerufenen Ausreizung. Das Problem liegt nicht in den Werken selbst, sondern in deren Potential, von der erstickenden Umarmung des Publikums ereilt zu werden – in deren Rezeption. Der Autor des Werks hat keinerlei Handhabe über diese Aufnahmemechanismen. Das Publikum auch nicht – es »liebt« einfach das Werk.

Wie eingangs angemerkt, ist Kitsch für Hermann Broch eine zutiefst ernste, weil auch gefährliche Kulturerscheinung. Jemand, der Kitsch herstellt, ist ihm zufolge »nicht einer, der minderwertige Kunst erzeugt, er ist kein Nichts- oder Wenigkönner«, sondern er ist jemand, der Böses verursacht: »[...] er ist kurzerhand ein schlechter Mensch, er ist ein ethisch Verworfener, ein Verbrecher, der das radikal Böse will. Oder etwas weniger pathetisch gesagt: er ist ein Schwein.« Broch geht es in der Tat um Kitsch in allen Lebensbereichen, nicht zuletzt in der Politik und der Ökonomie, wobei das Seriöse dieser Bereiche, zuweilen ihr Todernstes, zur emotionalisierten Seichtigkeit und pathoserfüllten Oberflächlichkeit verkommt. Mit Bezug auf Hitler als »Rein-Inkarnation« des Spießergeistes schreibt er: »Vielerlei Gründe lassen sich für das böse Phänomen anführen, beispielsweise das Abreißen der abendländischen Werttradition sowie die hierdurch bewirkte seelische Unsicherheit und Haltlosigkeit, von der eine so traditionsschwache Zwischenschicht wie das Spießertum sicherlich am intensivsten erfasst worden ist.«

Bedenkt man, was in den Jahrzehnten seit Brochs Schrift die Kulturindustrie alles verbrochen hat, wie kitsch-verlogen Politiker und Staatsmänner heute vermarktet und gewählt werden, mit welch kitschigem Ballast Waren beworben, Ideologien verpackt, ja ganze Lebensentwürfe in vorgefertigten Kitschmustern eingebettet werden, und wie wenig die kitschdurchseuchten Sphären der Politik, der Wirtschaft und der Kultur von ihren durch überbordende Kitschrhetorik indoktrinierten »Konsumenten« reflektiert werden, ermisst man erst, wie aktuell Brochs Erkenntnisse als unheilvolle Erbschaft der Moderne geblieben sind.

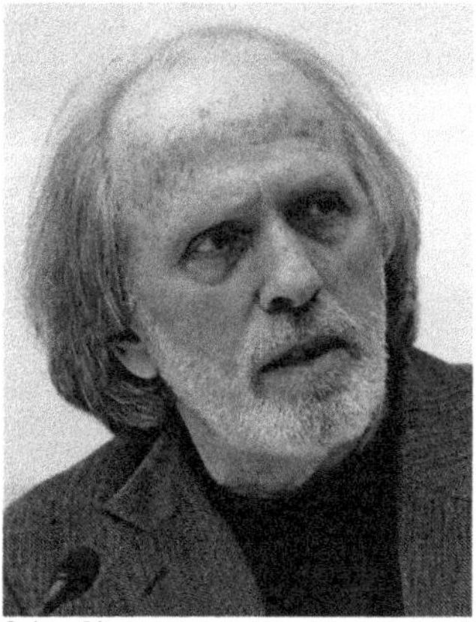

© Arne List

Moshe Zuckermann wuchs als Sohn polnisch-jüdischer Holocaust-Überlebender in Tel Aviv auf. Seine Eltern emigrierten 1960 nach Frankfurt am Main. Nach seiner Rückkehr nach Israel im Jahr 1970 studierte er an der Universität Tel Aviv, wo er am Institute for the History and Philosophy of Science and Ideas lehrte und das Institut für deutsche Geschichte leitete. Seit 2017 ist Zuckermann emeritiert. Im Westend Verlag erschienen zuletzt *Wagner. Ein ewig deutsches Ärgernis* (2020) und, gemeinsam mit Susann Witt-Stahl, *Gegen Entfremdung* (2021) über Erich Fried.